アニメーション文化論

映像の起源から現代日本のアニメ

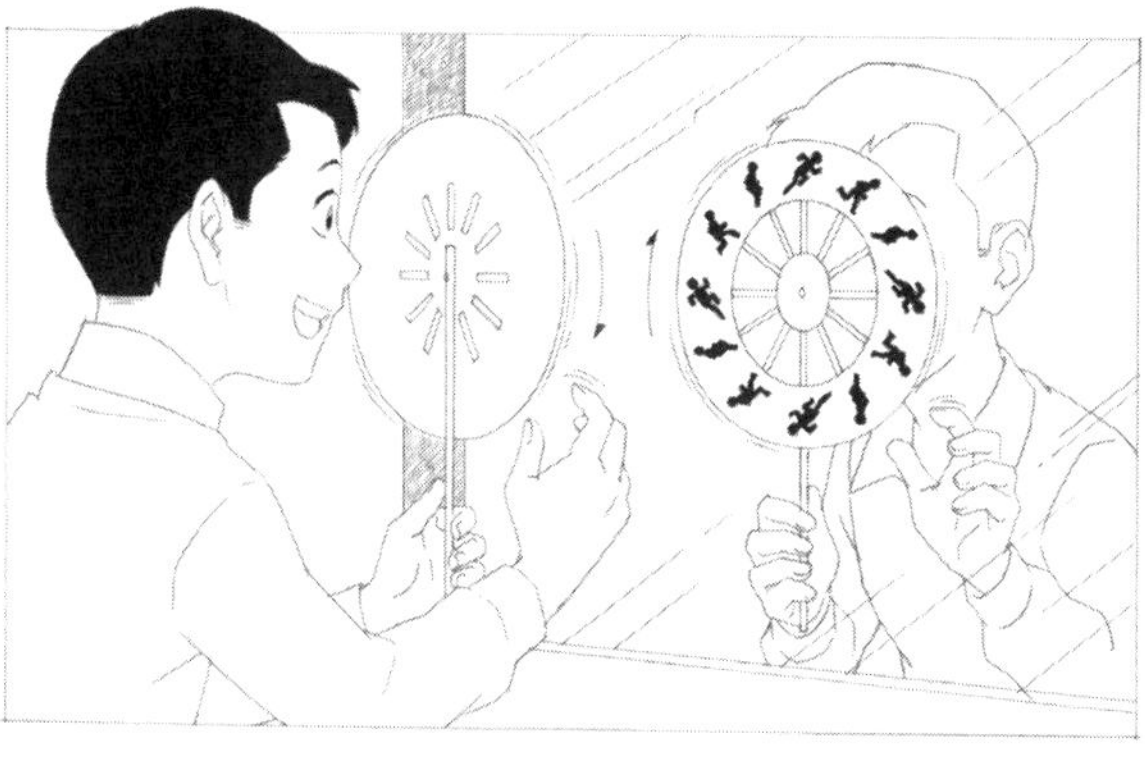

康村 諒

森話社

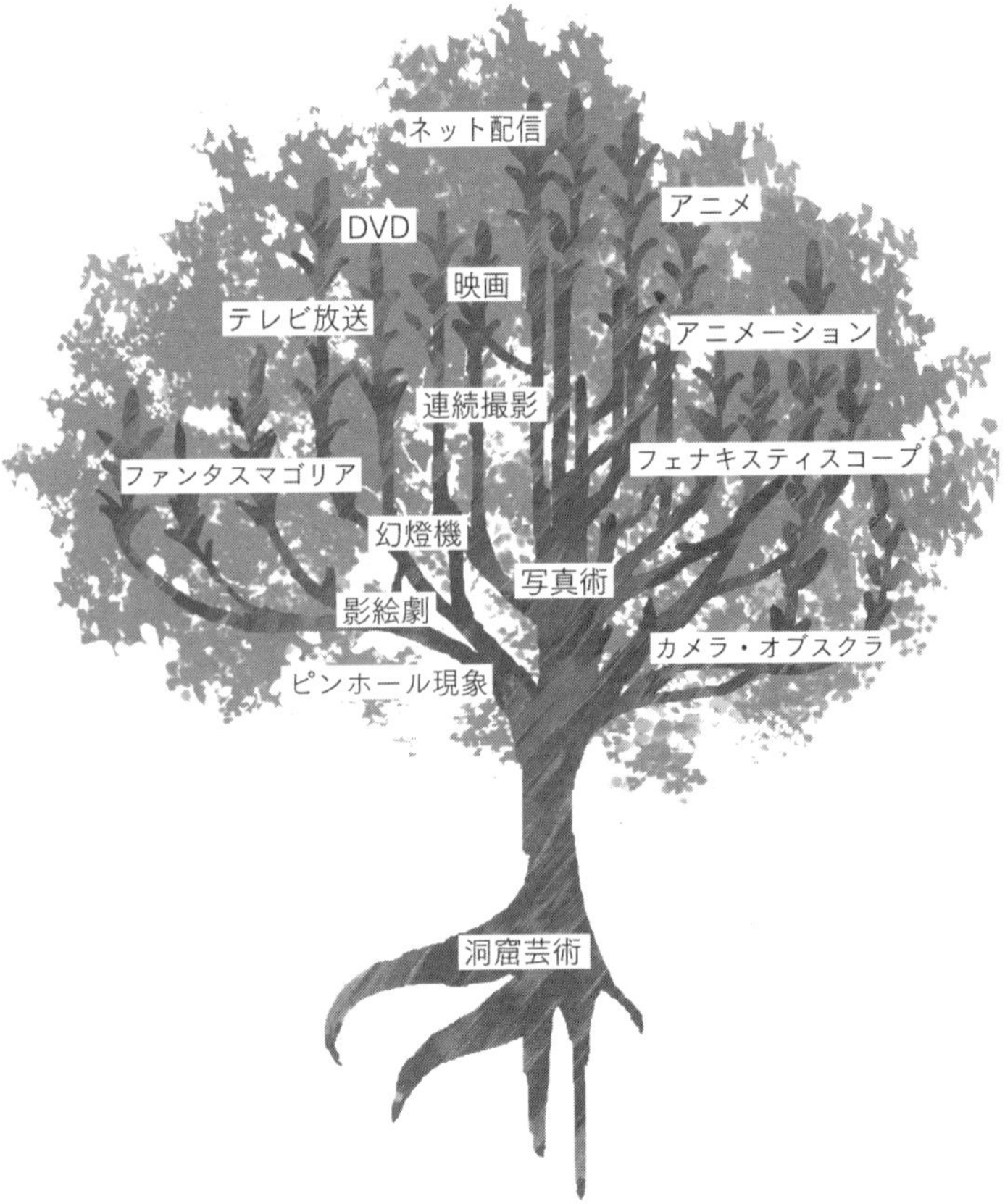
ネット配信
アニメ
DVD
映画
テレビ放送
アニメーション
連続撮影
フェナキスティスコープ
ファンタスマゴリア
幻燈機
写真術
影絵劇
カメラ・オブスクラ
ピンホール現象
洞窟芸術

アニメーション文化論

――映像の起源から現代日本のアニメ

目次

［凡例］
・引用文中の著者による補足・注記は〔　〕で括った。
・引用文中のゴシック体による強調は筆者による。
・ウェブサイトの出典情報については、末尾の括弧内に最終確認日を示した。

はじめに――本書のねらい

筆者は四〇年以上、アニメーションの制作現場にいます。

制作進行から演出助手を経て、演出、脚本、監督、プロデューサーなどの仕事をしてきました。二八歳からの一〇年間は海外のアニメーションにも密に関わり、シンジケーション作品を扱うプロダクションや、ディズニー・アニメーション・ジャパン等でも、制作現場の演出家として、プロデューサーとして、アニメーションを制作してきました。

その間、はじめは単なるテレビの子供番組にしかすぎなかった日本のアニメーションは、一時「ジャパニメーション」と呼ばれ、そして現在は単に「アニメ」と呼ばれ、海外に輸出しうる数少ない日本の「文化芸術産業」に成長しました。「アニメ」は、現在では『ニューヨーク・タイムズ』のクロスワードにも「anime」と登場するほど、世界的にも一般的な言葉となったのです。しかし、社会的にある程度の認知は得られたものの、まだまだ「アニメ」はマイナーなサブカルチャーの一つであり、詩や小説、音楽や美術と肩を並べる「芸術」と認識されているとはいえません。

それは二〇世紀が生んだ映像文化の極みともいうべき「映画」も同じでしょう。まだ一一〇年そこその歴史しか持たない「映画」という映像メディアは、芸術として確立されていない――映画は娯楽であり、芸術ではありえない――と考える人は大勢います。もちろんそこには、近代主観主義的な哲学・芸術観の存在も無視できません。一九世紀初頭、フランスで派生した「芸術のための芸術」という標語は、それまでの芸術の概念に疑問符を与えました。

美学研究の青山昌文は芸術の本質について以下のように述べています。

> 古典時代における芸術作品は、現代人が考えているような、「芸術家」個人の「内面」の「表出」としての、「唯一性」「独創性」を持っている「自己表現」ではなかったのです。〔中略〕芸術作品は、他人から注文を受けて創造されるものでした。注文を受けて受注生産をするのが職人であるのに対して、自分の作りたいものを何者にも制約されずに自発的に創造するのが芸術家であるという、近代の区別は、古典時代には、全く通用しません。[1]

「芸術のための芸術」という思想の隆盛は、結果として、ほぼ同時代に生まれた新しい芸術である「映画」に不当な評価を与えたのかもしれません。「唯一性」や「独創性」「自己表現」だけが芸術ではありません。しかし一方で、「映画」の「発明」は「動く映像を記録し、映写する機械」の発明でもありました。「写真」を「アニメーション」の理論・法則を使い、動く映像を作り出したのです。

映像メディアについて考えるには「写真」や「映画」「アニメーション」等を単体で研究すればよいはずはありません。これらは、その歴史的背景からも、相互に切っても切り離せない関係があるのは自明です。「アニメ」は、さらにテレビ番組の一部としての側面もあり、またマンガとの関係も無視することはできません。そして「現代日本のアニメ」は、他の産業と同様に、人材の育成、産業の空洞化、産業の構造問題に苦しんでいる現状があります。この問題についても、提起したいと考えています。

本書は、筆者のアニメーション制作の経験を踏まえ、アニメーションを全ての映像文化（動画映像）の起点としてとらえ、映像文化を考証するものです。

現代日本の「アニメ」を、単に「映画」という映像メディアの一ジャンルとして考えるのではなく、大きな映像文化史のなかに位置づけ、その芸術的・産業的意味を考証し、現代日本の「アニメ」を考えるものです。

アニメーションをめぐる現状

以下は、新聞記事からの引用です。

「クールジャパン」の代表格として日本のアニメは世界で人気を集めてきました。しかし、平成に入って進んだコンテンツのネット化で海外勢が覇権をにぎり、「いい作品」をつくればもうけられる時代ではなくなってきています。海外では、日本のアニメをほぼリアルタイムで、正規に、見ることができるようになりました。会員数が1億人（二〇二〇年四月現在、一億八二八六万人）を超える米ネットフリックスを筆頭に、米アマゾンがシェアを争い、中国ではアリババやテンセントなどのＩＴ大手が同様のサービスを展開しています。

「ここ数年はバブル状態だった」と中国の配信業者で日本のアニメを売買していた男性は話しています。通常、一話あたり数百万円で取引していたのが、人気作品は１千万円を超えるものもあったという。「人気作品が他の配信サービスにとられると、利用者も流れる。多くが、仕入れコストに見合った売り上げは、上げられていなかった」と明かしています。

作品数をそろえるために世界の各社が日本のアニメを旧作も含めて「爆買い」し、価格が高騰したのです。日本動画協会によると、２０１３年に１６９億円だった海外売り上げは、16年には2.7倍の４５９億円に増え、過去最高になりました。

国内市場は少子高齢化で大きな伸びが期待できず、今後の成長に海外展開は欠かせません。動画配信はその有力な手段となるのです。

一方、「オールジャパン」で日本のアニメを世界に配信する――そんな意気込みで始まった国産動画配信サイト「ＤＡＩＳＵＫＩ」（官民ファンドのクールジャパン機構が10億円を出資し、アニメ製作会社や出版社15社が運営会社の株主に名を連ねた）が、昨年（二〇一七年）10月末にひっそりとサービスを終えた。

（『朝日新聞』二〇一八年三月四日、朝刊、経済・総合面から）

二〇〇一年一二月、文化芸術振興基本法が公布・施行され「メディア芸術の振興」が推進されました。第九条にはこうあります。

国は、映画、漫画、アニメーション及びコンピュータその他の電子機器等を利用した芸術（以下「メディア芸術」という。）の振興を図るため、メディア芸術の製作、上映・展示等への支援（中略）その他の必要な施策を講ずるものとする。

そして二〇〇四年「コンテンツの創造、保護及び活用の促進に関する法律」が公布施行され、コンテンツ産業の保護と活用促進をめざすようになったのです。

日本のアニメが産業として認められた一方で、産業として苦しむ日本のアニメが存在します。「ブラック」と呼ばれ、「やる気搾取」と呼ばれる産業が存在するのです。

本書では「アニメとは何か」「アニメーションとは何か」そして「アニメ産業の現状」について考察します。しかし「アニメ」「アニメーション」の研究は始まったばかりといっても過言ではなく、それらすべてに完全な答えを得ることは容易なことではありません。

日本で最初に学校教育のなかでアニメーションを教えるようになったのは、一九六三年に設立された東京デザイナー学院のアニメーション学科です。もちろん専門学校という特性から、これはアニメ業界で働くための職業人を養成する学科でした。「アニメを学び、学問として考えよう、研究しよう」と、つまり大学にアニメーションについての学科が設立されたのは、二〇〇三年の東京工芸大学芸術学部のアニメーション科が最初です。その後、アニメーションについての教育・研究を目的とした芸術系の学科は増え続け、東京藝術大学大学院にも映像研究科アニメーション専攻が設置されました。現時点で二〇以上の大学で教育・研究を目的に設立されています。

つまり日本のアニメは大学で教育・研究が始まり、わずか一九年。まだまだ確立されていない発展途上の学問なのです。

アニメーションとは何か

アニメーションを考えるとき、その前提条件として「いったい、どのような仕組みがアニメーションなのか」という疑問が生じます。

これについて、アニメーション研究家・津堅信之は以下のように述べています。

アニメーション映画とは、絵、人形等を素材として、その素材を少しずつ動かしながら、映画撮影用カメラを利用して、コマ撮り（stop-motion photography）によって素材を撮影して得られた映像（フィルム、ビデオテープ等に記録される）を映写することによって、動かない素材を動いて見せる、という大まかな仕組みである。

（津堅信之『アニメーション学入門』平凡社、二〇〇五年）

これは、以下のようなことを表しているといえます。

(1) 人間が立っている絵がある
(2) 腰をまげているポーズの絵がある
(3) 手を伸ばし、背伸びをしているポーズの絵がある
(4) 背伸びをして空中に浮かんでいるポーズの絵がある

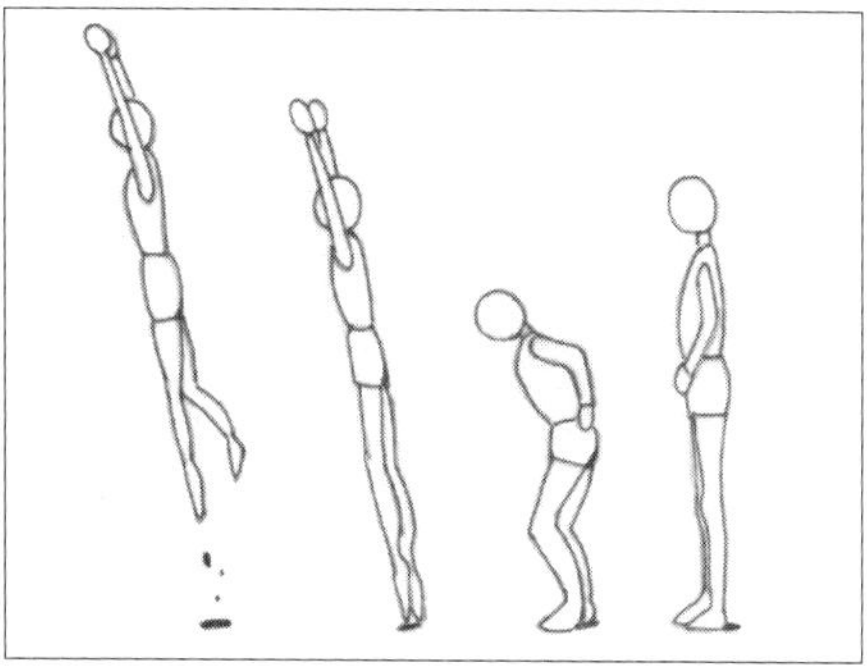

以上を続けて連続的に映写すると、「人がリアクションをとり、ジャンプする」動く映像が出来上がります。もちろん、この四枚の絵と絵の間を補完して絵を追加（動画）して入れれば、動きの映像はさらに滑らかになります。

絵と絵の間の動きは、必ずしも多くの中間の絵が必要なわけではありません。少しずつ異なった絵を連続投影するとき、絵と絵の間の動きは人間の視覚によって心理的に補完され、絵が動いて見えるのです。現在、心理学ではこの現象を仮現運動と呼んでいます。その動きが「アニメーション」ということになります。

しかしこの説明だけでは「アニメーションとは何か」に対する明確な答えにはなっていません。津堅自身も指摘しているように、以上の説明ではあまりにも例外が多すぎるからです。[2]「**映写すること**で、動かない素材を動いているように見せる」とありましたが、ここにアニメーションを定義する難しさの一つがあります。

そもそも**アニメーションは――**アニメーションを表現するためには――**映写する必要がない**からです。アニメーションはメディアを選びません。アニメーション草創期に作られた数々の映像玩具は、映写の必要などなく、それ単体で動きを表現し、アニメーションを表現していたからです。パラパラ漫画（フリッカーブック）も同様であり、アニメーションの一種なのです。

アニメーションとは何か、いくつかの辞書・事典から現状の定義をみてみましょう。

アニメーションの定義

アニメーション（animation）

少しずつ動かした人形、または少しずつ変化させて描いた一連の絵などを一こまごとに撮影し、これを連続映写して動きの感覚を与える映画・テレビ技法。漫画・劇画映画・テレビ番組の制作に使用。また、その映画・テレビ番組、動画、アニメ。

（『広辞苑第七版』岩波書店、二〇一八年）

アニメーション〔英、animation〕
画像の位置、形などを少しずつ変えた多数の絵をひとこまずつ写したり、人形の姿勢を少しずつ動かしながらひとこまひとこま撮影して、映写した時に、それらの像が動いているよう見せる映画、動画、アニメ。

（『小学館国語大辞典』小学館、一九八一年）

アニメーション映画〔animated film〕
それ自体は動かない絵や人形を、わずかに変化したポーズのものと置き換えては、1こま（ときには2こま以上）撮影し、それを繰り返したものを映写すると、動いて見える、一種のトリック映画の総称、つまり、普通の映画フィルムの画像に対応するような、1秒間24こまの動きの分解図を順次撮影すればいいわけである。その語源であるアニミズム〔物神崇拝、万有精霊説〕には、魂なきものを生けるがごとく動かす、といった意味があるため、たとえば操り人形劇をカメラに収めた映画までがアニメーション映画として扱われるという混乱も生ずる。しかし本来は、こま撮り映画をさしていう技術用語なので、被写体そのものを操作しつつ「流し撮り」で撮影したものは除かれる。〔後略〕

（森卓也「アニメーション映画」『日本百科大全書』小学館、一九八四年）

アニメーション映画
アニメーテッド・カートゥーン（animated cartoon）の略称であり、文字どおり〝動く絵〟を指し、フランスでも同義のデッサン・ザニメ（dessins animé）といういい方をする。同じく動くものでも、動く写真――映画とは本質的に違うジャンルに属し、共通するのはフィルムという素材、カメラ、映写機という技術的・機械的手段を使う点にすぎない。〔後略〕
（岡田晋「アニメーション映画」『新映画事典』美術出版社、一九八〇年）

アニメーション（英、animation）
「生命を与える」ことを意味するラテン語の動詞 animare を語源とする映像技法の1つ。通常想起されるセル画アニメーションのほかに砂絵、クレイ、切り絵、パペット（人形）、デジタル・アニメーションなどの幅広い分野をも包括する。〔後略〕
（渡辺守男「アニメーション」『情報学事典』弘文堂、二〇〇二年）

以上のように、一般的な定義としては（アニメーションの主要なメディアが映画やテレビであったことから）映画・テレビの一技法、あるいは一ジャンルとして規定されています。そして起源の問題にもかかわりますが、「アニメーションは映画術によってつくられ始めた時点をもって始まった」と考える立場と、「映画前史のさまざまな試みのなかにアニメーションを見出し、アニメーションは映画に先立って存在した」と考える立場があります。

前者は、「アニメーションはアニメーション映画の略」であると考え、後者は「絵やモノが動く表現技法がアニメーションである」と考えています。

一九六〇年に設立されたＡＳＩＦＡ《アシファ》（Association Internationale du Film d'Animation, 国際アニメーション映画協会）は、エミール・レイノーがテアトル・オプティーク（光学劇場）をパリのグレヴァン博物館で公開した日（一八九二年一〇月二八日）を「国際アニメーション・デー（IAD, International Animation Day）」と定めています。

「映画術以前のテアトル・オプティークをアニメーションの一般公開と定めた」ということは、映画の発明者とされているリュミエール兄弟が、シネマトグラフによる一般上映会を行った最初の日（一八九五年一二月二八日）に先立っており、ＡＳＩＦＡでは映画術発明以前にアニメーションが存在したと公式に認めているのです。

映画術とアニメーションの関係は非常に密接・重要です。

アニメーションとは映画術の特殊撮影「技術」のひとつである、という考え方がある一方で、アニメーションとは動かないモノ、あるいは静止画像に動きを与える「表現」である、という二つの考え方が常にあり、前述の一般辞書や事典のように、映画の一ジャンルであると簡単には定義することはできません。

ASIFAも示しているように、映画以前にアニメーションは存在し、広く一般にも公開されていました。アニメーションは動きの芸術であり、映画も動きを表現する芸術です。両者ともセル・フィルムを使うことで、広く一般の人々が鑑賞できるようになったメディアですが、そもそも、アニメーションは映画である必要がありません。本書では、映像史を踏まえた上で「アニメーション」「映画」「アニメ」を再定義することを試みたいと思います。

「アニメ」の源流へ

本書副題には〈現代日本のアニメ〉とありますが、そもそも「アニメ」とは、一般的には「現代日本で制作される商業アニメーション」を指す言葉と理解されています。ですから、この副題は一見矛盾を含んでいるように感じるかもしれません。「アニメ」という言葉自体に、すでに現代日本を孕んでいるからです。しかし、日本を代表するアニメーション作家であり、著名な映画監督でもある杉井ギサブローは、実は「アニメ」とは、限定的にTV用のリミテッド・アニメーションを指す言葉であると指摘します(3)。

ここで言うリミテッド・アニメーションとは、フル・アニメーションの対語です。本来アニメーションとは基本的にフル・アニメーション〈絵やモノに動き〈生命〉を与える芸術〉であり、アニメーションという概念の中に、リミテッド・アニメーションという限定的な区分を設けることは意味がなかったはずです。

リミテッドというのは、その語意の通り「限られた、わずかな」を意味します。つまり、リミテッド・アニメーションとは、動きが制約された、あるいは動きがないアニメーションという意味です。アニメーションの本質は動きです。動きこそ、生命そのものの本質的特徴であり、連続する一枚一枚の絵は、始めと終わりがあり、一つの動きの一部であり、この動きこそが、アニメーションが芸術的な意味合いにおいて高く評価される点なのです。このことがアニメーションが一つの独立した芸術分野を形成し得るという、理由の一つになっているのです(4)。

アニメあるいはリミテッド・アニメーションという名称は、実はアニメーションであることの否定であり、芸術であることの否定だったのです。杉井はこうも語っています。

その当時は、(フル・アニメーションを作っていた)東映系の人たちが『アトム』は演出的にも、技術的にも、あんなものはアニメーションじゃない、と誹謗していた。でもそれが成功し、現在、日本のアニメーションは『アトム』の以前と以後で、分けることができる(5)。

映像フィルムであれば、一秒間二四コマ、その一コマ一コマに動きや変化を与えてこそ(動いていてこそ）アニメーション――静止画一枚一枚に生命を吹き込むこと（ラテン語のanima〔霊魂〕を語源とする）――なのです。

杉井が指摘するように、「アニメ」を考察するには、アニメーションと「アニメ」の違いを明確にする必要があります。映像の起源から、「アニメ」の始まりとされる『鉄腕アトム』に至る歴史的経緯（映像史）を理解しなければなりません。

では最初に、第1章「映像の起源から初期映像エンターテインメント」から始めたいと思います。

（1）青山昌文『美学・芸術学研究』（放送大学教育振興会、二〇一三年）五七頁。

（2）津堅信之『アニメーション学入門』（平凡社、二〇〇五年）一五―一六頁。

（3）日本映画監督協会編『アニメ監督ってなんだ！～杉井ギサブロー監督／りんたろう監督～対談』二〇〇七年三月一日、東京渋谷、日本映画監督協会にて対談。司会・筆者。

ただ、現在一般論としては、「アニメ」という言葉は、広く日本製のアニメーションを指す言葉であると、認識されている面もあります。以下に杉井、りんたろう両氏の略歴を記します。

・杉井ギサブロー（一九四〇～）

一九五八年、東映動画（現・東映アニメーション）に一七歳で入社。養成期間の後、東映動画の長編第一作である『白蛇伝』の動画スタッフに参加。続く『少年猿飛佐助』『西遊記』『安寿と厨子王丸』等にアニメーターとして参加した後、一九六一年に東映動画を退社し、虫プロダクションに入社。虫プロで日本最初の本格的テレビアニメ『鉄腕アトム』にスタッフとして参加、演出の中心メンバーとなる。一九八五年から総監督を担当した、あだち充原作のテレビシリーズ『タッチ』は日本アニメ大賞アトム賞を受賞。近年の作品に『あらしのよるに』（二〇〇五年、脚本・監督）、『スコーブドリの伝記』（二〇一二年、脚本・監督）がある。

・りんたろう（一九四一〜）

セル彩色の仕事等を経て、一九五八年、東映動画（現・東映アニメーション）入社。第一回の長編作品『白蛇伝』では仕上げ（彩色）を担当、一九六〇年の『西遊記』よりアニメーターに転向。一九六二年、手塚治虫が創立した虫プロダクションに移籍。『鉄腕アトム』の作画を経て、演出に転向。一九六五年の『ジャングル大帝』でチーフディレクターに昇格。以降、『佐武と市捕物控』『ムーミン』等のチーフディレクターを務める。一九七九年、長編『銀河鉄道999』（監督作品）は大ヒットを飛ばした。一九八三年、『幻魔大戦』監督。近年の監督作品には二〇〇一年『メトロポリス』、二〇〇九年の日仏合作『よなよなペンギン』がある。

（4）ジョン・ハラス／ロジャー・マンベル『アニメーション〈理論・実際・応用〉』伊藤逸平訳（ダヴィッド社、一九七二年）二二三―二二五頁。

（5）『アニメ監督ってなんだ!…』前掲、対談より。

anima

ラテン語で「息・呼吸」「霊魂」「生命力」

I

映像史——アニメーション以前

第1章　映像の起源から初期映像エンターテインメント

1　映像の起源

今日、芸術の起源を求めるならば、古代の洞窟壁画にまで至るのは自然な思考です。古代洞窟壁画の学術的価値が確立されているからです。しかし古代洞窟壁画が発見されはじめた当初は古代人類の遺産としても、芸術遺産としても認められてはいませんでした。

フランスのニオー洞窟【図1、2】は一六六〇年には「発見」されていました。リュバン・ド・ラ・ヴィアルという人物は、仲間たちとタラスコンという町の近くの洞窟に入り、記念に自分の名前とその日の日付を洞窟の壁に刻みこみました。現在も残る彼のサインは、黒々としたバイソンとアイベックスを描いた、保存状態の良い見事な壁画から一メートルも離れていない場所に刻まれています(1)。

この時代、西洋社会は先史時代について、いかなる観念も持っていませんでした。西洋社会を支配していたのは、キリスト教による世界観であり、「世界は神によって創造された」という思想でした。

大主教ジェイムズ・アッシャー（一五八一～一六五六）は、この奇跡の出来事（天地創造）は紀元前四〇〇四年に生じたとしました。主教ジョン・ライトフットはアッシャーの計算をさらに緻密にして、「天地創造は紀元前四〇〇四年一〇月二三日の朝九時に起こった」と公言します。これらの説は、当時の人々にとっても無条件で受け入れられるものではなかったようですが、それでも、人類の歴史はそれほど古くない時代のある瞬間に、奇跡的にはじまったのだと、ほとんどの人々が信じていたのです。(2)

図１　ニオー洞窟（外部）

図２　ニオー洞窟壁画（内部）

そういう時代においての「発見」だったのです。リュバン・ド・ラ・ヴィアルや同時代の人々は、これら人類の芸術遺産に何の関心も持っていませんでした。彼らは自分が見たものの価値を理解できず、実際には目の前にあるものを「見て」いなかったのです。つまりこの時点では、古代の壁画芸術はまだ真の意味で「発見」されてはいないのです。リュバン・

ド・ラ・ヴィアルや同時代の来訪者たちは、ニオー洞窟に描かれたものに意味を与える理論を持たず、それら貴重なイメージに何ら重要性を見いだせなかったのです(3)。

歴史上最初の壁画芸術発見は、一八七九年、スペイン北部海岸のアルタミラ洞窟で、ドン・マルセリノ・サンス・デ・サウトゥオラ侯爵(一八三一〜一八八八)と彼の小さな娘のマリア【図3】によってなされました。その時、自分自身の領地内の洞窟で、デ・サウトゥオラの視線は地面に釘付けになっていましたが、娘のマリアが天井の作品群を見て声をあげました。「パパ、ウシだ!」と。そこにバイソンの群像が見つかったのです(4)。

デ・サウトゥオラは唖然としましたが、彼が前年にパリ万博で見た動産芸術と、彼自身が見ている洞窟壁画とのあまりにも類似した特徴から、自分たちが発見したものが「未知の古代芸術」だと確信したのです。一八八〇年、デ・サウトゥオラは『サンタンデル地方の先史遺物についての短い注解』を出版します【図4】。彼はその中で、描かれたバイソンを絶滅種であるとし、その画法の芸術的達成を強調しました。そして、このスペインの洞窟絵画が旧石器時代のものであると宣言したのです(5)。

しかし、デ・サウトゥオラは同時代のダーウィンが『種の起源』(一八五九)で得たような成功は得られませんでした。彼は、悪意に満ちた懐疑主義に直面します。アルタミラ洞窟の天井に描かれた絵画は、旧石器芸術は「野蛮」なものだという当時の理解に合わず、あまりにも「進歩」しすぎていると考えられたのです(6)。

考古学会はデ・サウトゥオラを詐欺で告発しようとしました。一八八二年、フランスの学者エドゥアール・アルレはアルタミラを訪れ、バイソンの群像は、デ・サウトゥオラの二度にわたる洞窟訪問の期間中、つまり一八七五年から七九年に創作されたと断じたのです。デ・サウトゥオラ侯爵は一八八八年、失意のなかこの世を去りました。[7]

フランスの考古学者のなかで、先史学者エドゥアール・ピエット（一八二七～一九〇六）は、ひとりアルタミラの正当性を認めていたものの、もう一人の著名な先史学者であるエミール・カルタイヤック教授（一八四五～一九二一）は、デ・サウトゥオラやそれ以外の論敵をヒステリックなまでに糾弾し続けます。しかし、次第に明らかになる証拠――他地域で新たな古代洞窟壁画や粘土像が発見され、その洗練された芸術性は、石器時代人の思考は未開なものではなかったと理解された――の重みに耐えきれず、侯爵の死から一五年後、かつて侯爵の論文を否定したカルタイヤックはそれを謝罪しました。[8]

図3　デ・サウトゥオラ侯爵（上）と娘のマリア（下）

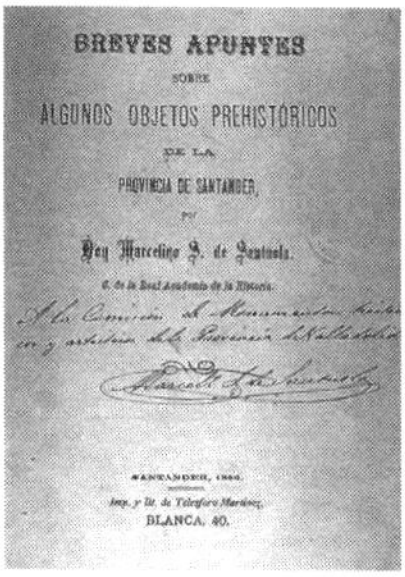

図4　デ・サウトゥラの著書

その一連の出来事を旧石器時代芸術研究のデヴィッド・ルイス＝ウィリアムズ（一九三四〜）はその主著『洞窟のなかの心』で以下のように記しています。

1902年、当時フランスやスペインの洞窟でなされた発見の正当性につよい疑念を表明していたフランスの影響ある考古学者、エミール・カルタイヤックが自らの主張を翻し、かの有名な『懐疑論者の懺悔』〔スペイン、アルタミラの洞窟―懐疑論者の罪状告白〕を出版した。当時、不完全ながらも広く浸透していた、後期旧石器時代の先史人類には芸術創造の能力など認められないという懐疑主義は、このカルタイヤックの改心によってすぐさま崩れ去った。こうして、後期旧石器時代の芸術をめぐる探求は、たちまちにれっきとした研究分野となり、新しい学問の共同体が誕生したのである。(9)

後期旧石器芸術の真偽について交わされた論争の終焉は、今日まで続くもう一つの「問い」を私たちに与えました。「なぜ、後期旧石器人は、あのようなイメージ群を創造したのか」という疑問です。作品の解釈については、さまざまな仮説や理論が作り上げられました。「芸術のための芸術」説、「呪術」説、「トーテミズム」説、宗教的「聖域」説など、これらは熟慮された研究というよりは、議論のための議論でしかありませんでした。アルタミラには、優れた創造者がひとりで制作したと思われる作品（大天井画）があり、この作者が属していた集団の人々は、作者が長期間にわたって作品制作に従事することを認めていたことがわかります。遊戯的な作品もあれば、一貫した構想に基づく作品もあり、複雑な構成を意図した作品もあります。ただ一つ確実にいえることは、これらの作品の持つ迫力は、作者の想像力や構想力の結実であるということです。[10]

図5　アルタミラ洞窟天井画

大きな作品はそれぞれ、大天井の中でお互いに切り離されることなく一個の総体としてあり、しかもその同じ場所には数多くの刻画や描画、彩画が空間を共有して制作されている。大天井画は、あらゆる時代を通じてもっとも重要な芸術作品のひとつなのである。[11]

洞窟壁画が芸術作品であることに賛同はできても、「なぜ?」という「問い」に答えるのは容易ではありません。まず、強調しなくてはならないことは、後期旧石器芸術に関しては、いかなる解釈もまだ「立証」されていないということです。[12]

それを前提に考証するなら、後期旧石器時代の洞窟芸術の大きな特徴は、おそらく二万五〇〇〇年以上もの歳月を通じて反復される、核となる動物モチーフの持続性です。洞窟と装飾の全体は、シャーマニズム的コスモロジーと地下領域の多様な探求という観点から説明可能である点で統一性があります。当時の人々は、多種多様な品々を洞窟の内部に置き入れました。もし、人々が壁を自分自身と霊的世界との間にある「膜」と見なしていたとすれば、彼らは「膜」を通じて精霊動物を引き出し、素描することで、それらをこの「膜」の表面に固定したのです。彼らは「膜」を通して動物の断片を精霊世界へと送り返したのでしょう。動物の断片を洞窟内に持ち込み、それらを「膜」に差し込むといった儀礼的な方法で、地下世界に返礼したのです[13]。

こうした想定については民族誌的な傍証が存在します。世界中のシャーマニズム的社会では、骨は特別な重要性を持っており、それらは精霊と結びついているのです。世界のいたるところで、骸骨の魂や骨からの再生といった観念が儀礼的に表現されています。人々は社会集団を表す多種多様なシンボルを用い、そうすることで自分たちの影響力や権力を、対面的な接触を超えたところにまで及ぼすことができたのです[14]。

洞窟に壁画を描いた人物は、自分の個人的な内面を吐露して表現したのではなく、宗教的あるいは呪術的な意味において、その人間集団の生存が継続することの願いとして、力の弱い人間が強力な存在である野牛を仕留める行為を洞窟壁画に描いたということも想定できます[15]。

今からおよそ一万年から四万年ほど前の時期に、アルタミラやラスコー、ショーヴェなどの洞窟に壁画が描かれました。人類史上初の「芸術」が誕生したのです[16]。

洞窟壁画に呪術的、シャーマニズム的な要素（原始宗教の一形態であり、シャーマン〔みこ〕を仲立ちとして神霊や祖先の霊などと、心を通わせる）を否定することはできません。それは非常に大きな要素であったのは確かでしょう。しかし、ショーヴェ洞窟にある「野牛の背に乗った野牛の絵」【図6下】は、下の野牛とその背に乗った上の野牛の絵には五〇〇〇年の時間差があることが科学調査で分かっています。私たち現代人に永遠を思わせる時間が、一つの絵に重なっています。そこには呪術や芸術表現だけではないものも存在します。古代の芸術家たちは、全く自由な精神（遊び心）をも持ってい

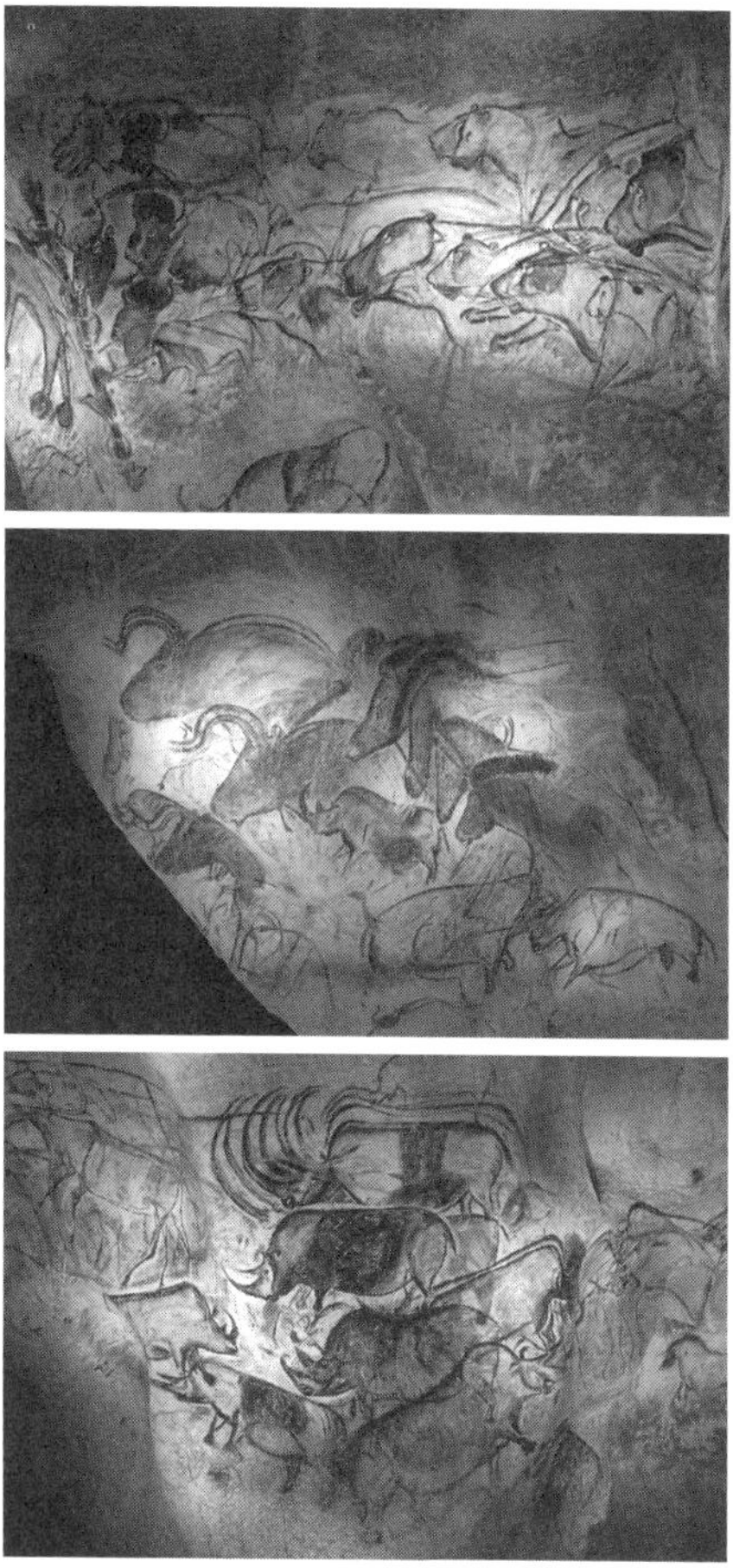

図6　ショーヴェ洞窟壁画

たのかもしれません。

図7、8は、ラスコー洞窟の中の壁画と入り口です。これらの絵は、躍動感をもって描かれていますが、それは、生命そのものを、動きの映像を描こうとしたからにほかなりません。

暗い洞窟の中で、描かれた動物たちは、その凹凸ある石壁と松明などの炎の揺らめきの加減で、まるで現代のアニメーションのように動きある映像のように見えることが確認できます。ラスコー洞窟やショーヴェ洞窟に描かれた八本足のバイソンや首をもたげるしぐさの馬などは、動物が動いている様子を表現したものです。動きを描こう、再現しようと古代の芸術家たちは試みました。

考古学者でありドキュメンタリー映像作家のマーク・アゼマ（一九六七〜）は、これら旧石器時代の多くの動物像は、実際の足より多く描かれ、それらは炎のちらつきにより、動きの錯覚を生み出しているといいます。八本足のイノシシは暗い洞窟の中で、炎のちらつきと壁の凹凸により動きを与えられるのです【図9】。そしてこれらは映画の画像と同じように、アニメーション化されているのだと指摘します(17)。

アニメーション（animation）の語源となる「anima」とは、ラテン語で「魂」「生命」を意味します。「静」なるものに「動」を与え、動き（生命）を表現しようとした古代の洞窟壁画こそ、アニメーションの原点なのです。

視覚情報処理において、画像の技術・科学面では、まず静止画（写真、絵）があって次に動画とい

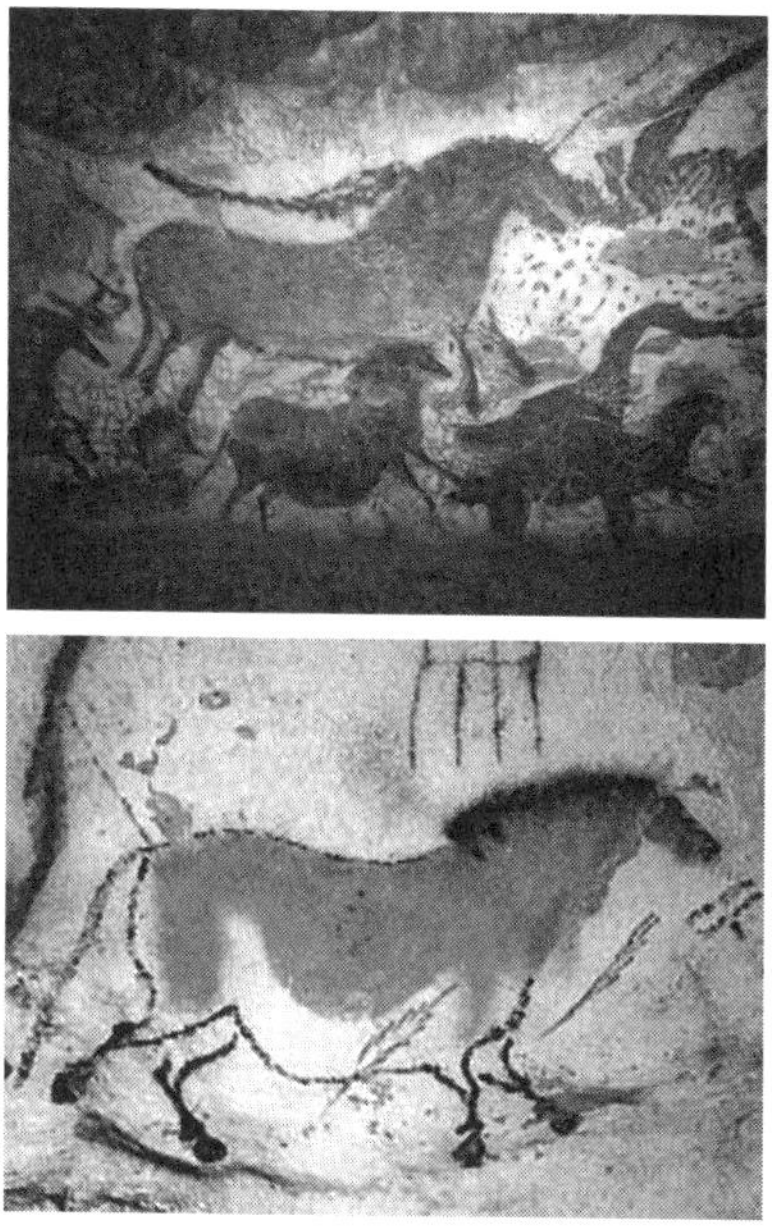

図7　ラスコー洞窟壁画

図8　ラスコー洞窟入口

図9　アルタミラ洞窟天井の八本足のイノシシ（チェコ共和国のブルノにあるモラビア博物館所蔵のレプリカ）

う順にとらえがちですが、自然界（生体）にとっては逆で、動きの情報が生態学的にきわめて重要であり、進化的にも動きの検出のほうが古い機能であると考えられています。例えば、カエルは動くハエを食べますが、動かないハエには気づきません。[18]自然界で動かないものは、単なる物体である背景なのです。動かないものは自身の餌でもなく、動かないものは自身を襲う敵でもないからです。

自然界では、静止しているものよりも動くもののほうが自然な状態であるのは当然でしょう。**生きているものは動く。必ず動く。**数万年前、アルタミラやラスコー、あるいはショーヴェの暗い洞窟の奥で、牛が走り、角と角を合わせて闘い、四肢が何本にも見えるような躍動感にあふれる描写方法を使用したのは、その時代の人間にとって当然のことだったのです。古代の人々は、自然に動く映像を、つまり「生きている姿」を壁画によって固定しようとしたのです。

我々が動かない（still）画像（＝写真）と区別して動（motion）画像（＝映画）と呼んでいるものは、連続した画像（progressive picture）と名づけて、拘束された画像（arrested picture）と区別したほうが良いであろう。〔中略〕普通の写真も、「動かない」というよりも、むしろ変化をとめられているのである。連続した画像は、拘束された画像よりも、自然な視知覚にかなり近いものを惹き起こす。[19]

知覚心理学者のJ・J・ギブソン（一九〇四〜一九七九）は、動く画像と動かない画像について、

「動く画像こそが自然なのだ」といいます。

洋の東西を問わず、中世以降の絵画に静止している印象が強く、絵画に動きが感じられなかったのは、肖像画を含め、作家がモデル等を使い絵を作成したからです。三万年以上前、自然光も通らない洞窟の暗い奥底で、古代の芸術家たちは自分自身の、その記憶だけを頼りに絵を描きました。生きている動物を描く以上、躍動感にあふれる、今まさに動き出すような、生命を感じさせる絵が出来上がったのは、当然の結果なのかも知れません。

映像史とは、人間の「生活や事件、変遷や発展を映像で記録する」ことであると同時に、人間が「いつでも再生可能な、動く（生きた）映像を記録する機械・方法を発明する科学技術史」でもありました。動く（生きた）映像を記録しようとした古代洞窟の壁画を、芸術の、そして映像史の起源とすることに異論はないでしょう。

一方で、科学技術史的には、動く映像を記録する機械の発明の前に、静止画を記録する機械の発明があるのです。

2　映像の原理と先駆者たち

静止画映像を記録する機械――カメラ――の発明は、一八二〇年代の西欧でなされました。

そのカメラ（写真術）の語源にもなったカメラ・オブスクラ camera obscura とは、ラテン語で「暗

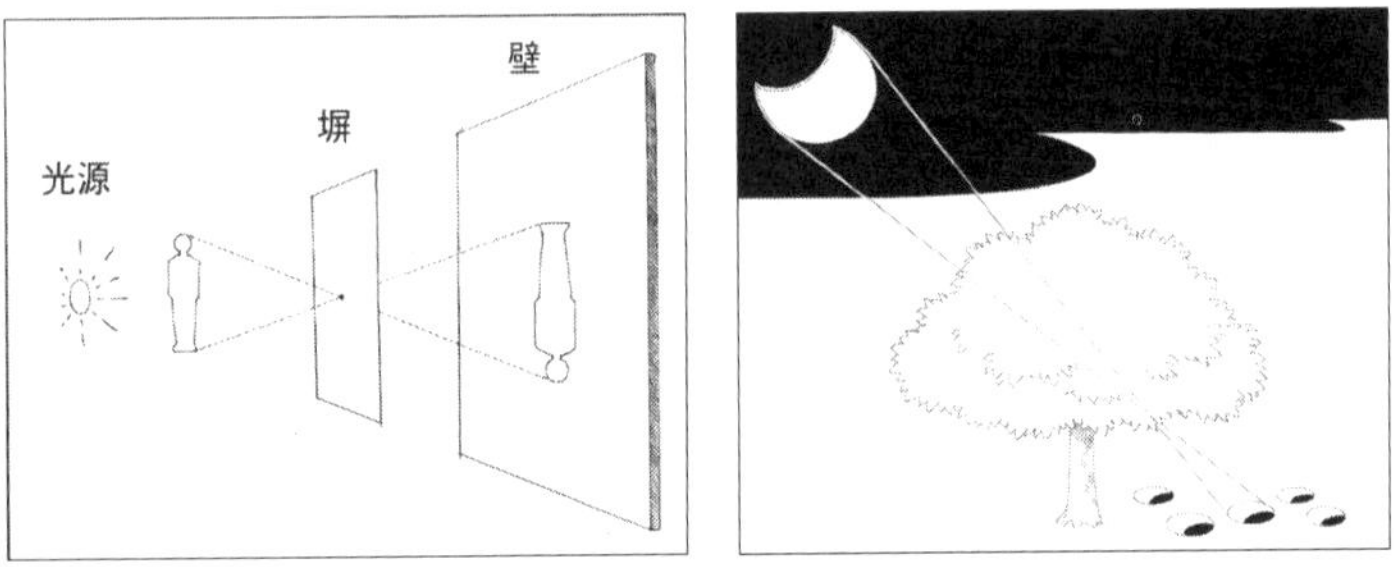

図10　ピンホール現象（左：墨子　右：アリストテレス）

い（obscura）部屋（camera）」を意味します。語源どおり、カメラ・オブスクラの原理は、暗い箱を使用するピンホール・カメラと同じです。

　このピンホール現象という光学現象は、古くから知られていました。紀元前五世紀には古代中国の墨子《ぼくし》が、紀元前四世紀には古代ギリシャのアリストテレスが、すでに記述として残しています。『墨子』には以下の一文があります。

> 「経」影が倒立するのは、光線が相交わるところの屏上に一点の小孔があり、影の長さを壁に映すからである。説は点に在る。
> 「説」景。光が射して人を照らすことは矢のように直進し、ひくい光が人を照らすには高く進み、高い光が人を照らすにはひくく進む。足は下光を蔽うのでその影は上に映る。頭は上光を蔽うのでその影は下に映る。物体の遠近につれて一点の小孔によって光を映すので、影は内側でその位置が変わる。[20]

　一方、アリストテレスの大問題集には、以下のように記述されています。

> 太陽の蝕の際に、篩《ふるい》や木の葉（例えばプラタナスとか葉の広い植物などの葉）を通して観察したり、或いは、両手の指と指を絡み合わせて〔その隙間を通して〕観察したりすると、光の影が地上で三日月形になるのは何故であろうか。あるいはそれは、光が真四角の覗き孔を通して輝く場合に円形を（すなわち円錐形を）なすのと同じだからであろうか。その理由は、〔この場合には〕二つの円錐が、すなわち、太陽から覗き孔までの円錐と穴から地上までの円錐の二つが、頂点を相接して生ずる、ということである。[21]

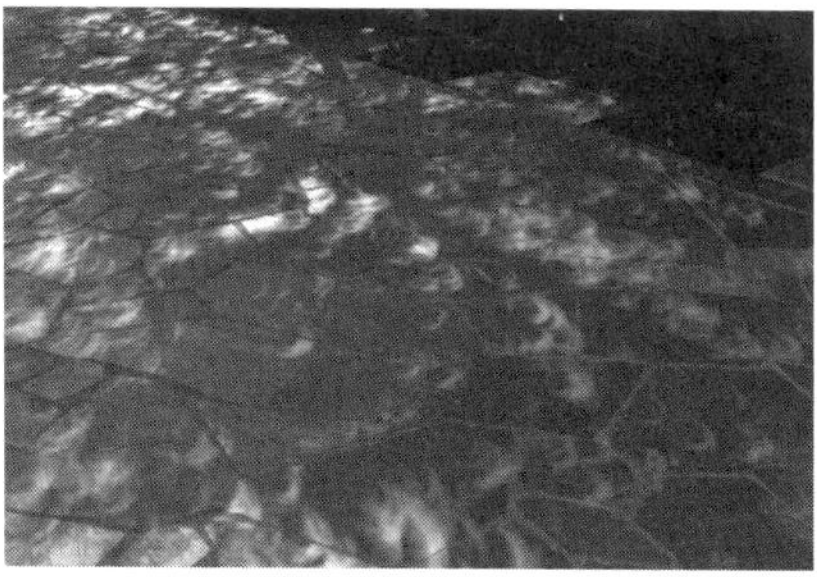
図 11　金環日食直前の地面の映像（木々の茂みを通して得たピンホール現象）

要約すれば、両者とも、「（壁や篩などの）小さな孔を通った光（像）は、倒立して像を結ぶ」ということです【図10】。西洋と東洋の知の巨人が、こうした自然観察を介して光と像の関係を見出していました。これが、現在私たちが映像と呼んでいる光学像に関する史上最初の言及です。図11は木々の枝葉を通して地面に映った部分日食の実際の写真です。

このピンホール・カメラの原理にも通じる光学現象についての

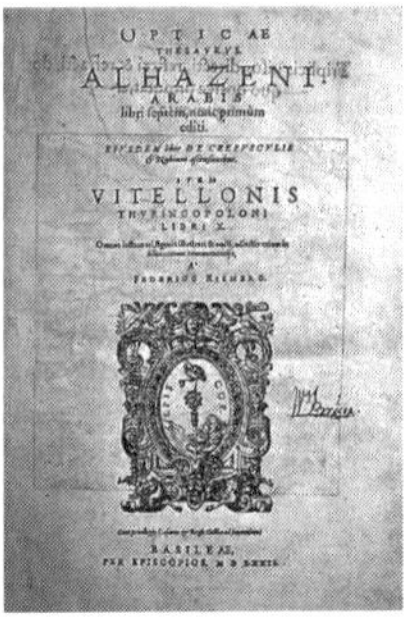

図 12　『光学の書』扉頁（1572 年発行）

図 13　左上：ブルネレスキ　下：彼が設計したサンタ・マリア・デル・フィオーレ大聖堂のドーム

報告、説明、検証は、それ以降多くの人々が行っています。

　一一世紀にはアラビアのイブン・アル＝ハイサム（九六五〜一〇三九頃）が書いた『光学の書』*Kitb al-manir*（*Book of Optics*）【図12】でも試みられ、レンズに関する詳しい観測（焦点、像の拡大、像の倒立、屈折率等）を記した最も初期の文献とされています。イブン・アル＝ハイサムは中世イスラム最大の物理学者で、物体が見えるのは、太陽などの光源から出た光が物体にあたって反射して、それが目に入るからだと説明しました。目の構造についても、水晶体が目の中央にあり、目の前方の球面に垂直に入ってくる光線はすべてこの水晶体に達すると説明します。『光学の書』は一三世紀にヨーロッパに伝わり、大きな影響を与えました(22)。

　一三世紀、イギリス人の哲学者でありカトリック司祭でもあるロジャー・ベーコン（一二一四〜一二九七）が、神学上の関心から光の問題を研究しはじめます。イブン・アル＝ハイサム等、イスラムの科学者の著作を翻訳することから始め、鏡やレンズを使った装置による光の観察報告をします。彼は錬金術を信じるなど中世的枠組みのなかにいましたが、一方で数学の重要性を主張し、観察・実験を重んじた研究法で、ピンホール投影現象を利用した日食観測の装置を考案しました[23]。

同時期、イタリアではルネサンス絵画の先駆者たちが現れ、教会壁画などの画面に迫真性を喚起する、線遠近法を用いた表現への模索が始まります。

線遠近法とは透視画法（透視図法）のことです。この透視図法そのものはブルネレスキ（一三七七〜一四四六）によって、一四一〇年に発明（発見）されました[24]。

ブルネレスキはフィレンツェ生まれの建築家、彫刻家で、ルネサンス建築様式の創始者のひとりです【図13】。透視図法とは、一点、二点、三点と、消失点の数で分類しますが、図14のように、三次元の実世界を二次元の平面図に再構成する際に、実世界そのままに、映像を移しかえることを可能にした技法です。この図は一点透視図法です。水平線にある消失点に向かう線（パース線）に載った人型は台の上でもリアルに地面に立っています。中央の

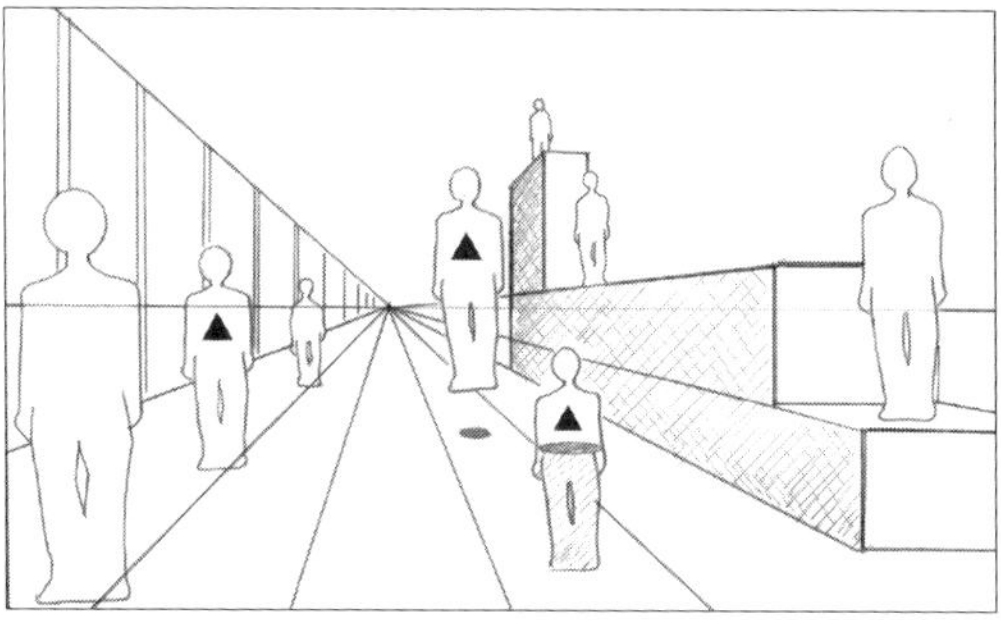
図14　一点透視図法

▲マークの付いた三つの人型を見てください。この三体は全て同じ大きさです。左の人型は地面に立っていますが、パース線に載らない二体は、中央は宙に浮き、右は、地面にめり込んでいることがわかります。

この技術は建築の技術として使用されましたが、ブルネレスキの発見から二五年後の一四三五年に、アルベルティ（一四〇四～一四七二）が『絵画論』を書き、点・線・面そして光学について詳説しました。アルベルティは、自分自身が描きたいと思うだけの大きさの四角の枠を引き、これを、描こうとするものを通して見る「窓」であるとみなします。透視図法は点・線・面の幾何学を用いて、三次元の空間を二次元に正確に表象（イメージの再現）する技術です。これ以降、表象はもはや対象に「類似している」かどうかではなく、数学的に正確な描写となります。そのためこの時代（ルネサンス）の画家は、単に芸術家の一人であっただけではなく、「表象」のエキスパートでもあったのです。画家は透視図法によって空間的対象を正確に表象する技術を持ちました。この技法を通じて、絵画は実世界を映す「窓」となったのです。[25]

図15　アルブレヒト・デューラー『横たわる婦人を描く』

図15は、アルブレヒト・デューラー（一四七一～一五二八）が残した透視画法の教則のための版画

図16　「最後の晩餐」（左はドゥッチョ・ディ・ブオニンセーニャ、右はレオナルド・ダ・ヴィンチによる）

『横たわる婦人を描く』です。透視図法を使い、横たわる裸体の女性を描く様子を描いています。ここで重要なのは、対象とそれを描く画家の間に、透明な座標軸が設定されていることです。画家の視点と対象の一点を結ぶ直線が交わるところを、その座標軸に従って転写すると、机の上に広げられた面に、対象に正確な表象が自動的に描かれるのです。

そして、画家の目の前には、搭状のものが立っています。この先端こそが、視点です。極端に言えば、画家という主体がなくても、この視点が、対象の一点を正確に再現するのです[26]。

図16は、同じテーマ「最後の晩餐」を描いた絵画です。作者は、左がドゥッチョ・ディ・ブオニンセーニャ（一二五五／一二六〇頃～一三一九頃）で、右がレオナルド・ダ・ヴィンチ（一四五二～一五一九）です。透視図法が確立される前の絵が左であり、確立された後に描かれた絵が、右です。

これはどちらの絵が、良い、悪い、ということでは全くありません。両方とも、美術史に残る傑作なのです。しかし、透視図法が与えた絵画の技術は、あきらかにそれまでとは変わりました。人類が三万年

図17　作者不詳　カメラ・オブスクラのイラスト（17世紀）

前の洞窟の暗闇の中で、自らの記憶だけを頼りに表象した壁画は、こうして透視図法の技法により、数学的に正確に空間をとらえることを可能にしたのです。

この透視図法（ソフト）とカメラ・オブスクラ（ハード）を使い、ルネサンスの画家は、遠近法を確立させ、絵画技術を発展させました。つまり、ソフトとハードの融合が行われました。レオナルドも同様に、カメラ・オブスクラから覗いた外界を透視図法により表象しようと試みました。レオナルドが、カメラ・オブスクラの映像をどのように見ていたかを知ることができる一節が手稿に残されています。

ここに姿が、ここに色が、ここにあらゆる種類の宇宙の部分が、一点に凝縮されて存在する。嗚呼、この一点ほどに素晴らしいものがあるだろうか？　嗚呼、見事な、驚くべき必然性よ。汝は汝自身の法則によって、あらゆる効果を、最も短い道を通って、それらの原因にまであずからしめるのだ。これこそは奇跡である――いったん極微の空間に注ぎこまれて姿を失った形は、再び生まれ再構成されて姿を膨らますのである[27]。

カメラ・オブスクラで外界の実世界の映像を見たレオナルドの感動が伝わってくる文章です。カメラ・オブスクラという機械装置を使って、ルネサンスの画家たちは、外界の実世界をカメラ・オブスクラの内部につなぎとめようとしたともいえるのです。

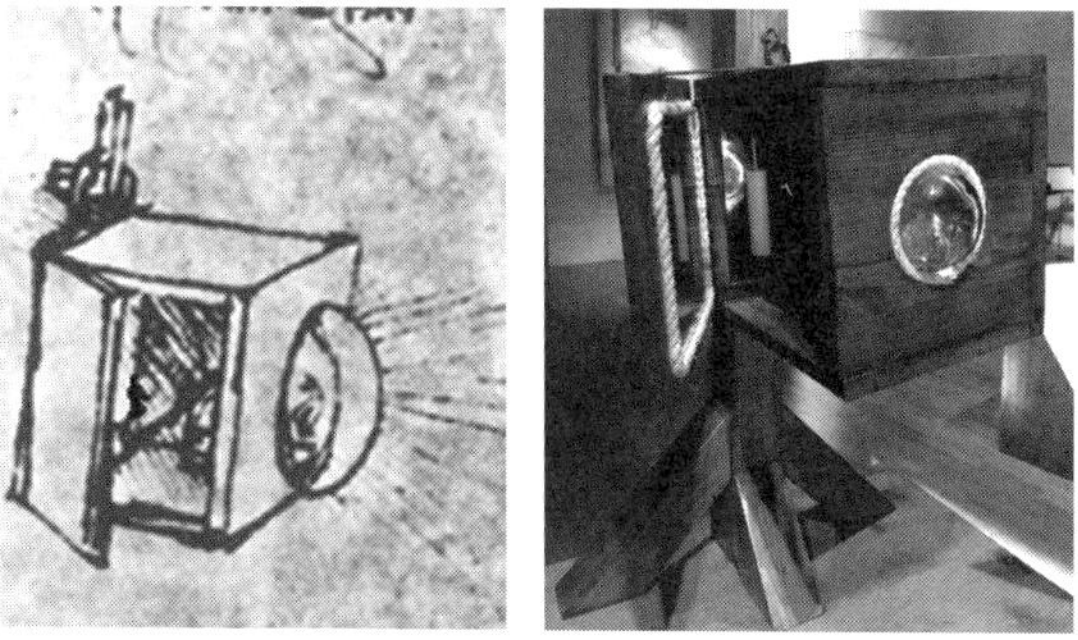

図18　レオナルドが考えた集光装置（左：レオナルドの素描　右：再現した装置）

投影技術の発達において、きわめて重要な役割を持つ集光レンズを、レオナルドは素描によってすでに示していました。レオナルドはカメラ・オブスクラから発展し、幻燈機（Magic lantern）が出現する二世紀以上前に、その構想を設計していま す[28]【図18左】。

図18の右の装置は、片側に大きなガラスレンズがあり、内側にろうそくが入ったシンプルな箱で、レオナルドが考えた「強くて広い光」を再現したものです。原理は投光照明で使用されるものと同じです。

カメラ・オブスクラを利用した画家のなかでも、ヨハネス・フェルメール（一六三二〜一六七五頃）は特に有名です。彼が描いた絵には、カメラ・オブスクラと透視図法を使用した特徴が多く見受けられ、フェルメールはそれを最大限に利用したようです。しかし、それは単なる模写ではありません。カメラ・オブスクラという機械装置と自らの感性を融合させ、自分自身の「美」を表現したのです。[29]

その後、カメラ・オブスクラのアイディアは、ナポリの学者ジョバンニ・バティスタ・デッラ・ポルタ（一五三五〜一六一五）の大著『自然魔術』（一五五八）での紹介で広く流布され、一七世紀、イエズス会の司祭アタナシウス・キルヒャー（一六〇二〜一六八〇）が著書『光と影の偉大な芸術』*Ars Magna Lucis et Umbrae*（一六四六）で移動式のタイプを考案、図解しました。キルヒャーは同時にこの本の中で、史上初めて幻燈機について言及しました。[30]

アタナシウス・キルヒャーは万能の天才でした。彼は一六〇二年五月二日、九人兄弟の末弟としてドイツで生まれます。父親は神学博士であり、ベネディクト会の修道士を教えていました。キルヒャーは少年の頃から、フルダにあったイエズス会系の地方学校で正規の課程をこなしたうえ、ヘブライ語の個人教授も受けるという早熟ぶりを示します。三十年戦争の惨禍を潜り抜け、ハイリゲンシュタットの神学校にたどり着くと、弱冠二三歳で、数学、ヘブライ語、シリア語、ギリシャ語を教え、長上たちの注目を集めます。[31]

神学校に選帝侯マインツ大司教の来駕があったとき、キルヒャーは機械仕掛けの花火を用いて、驚愕的な展示を行って見せます。それは、彼がそのからくりを説明するまで、黒魔術ではないかと疑われたほど、強い印象を残しました。選帝侯はこの有能な学問僧をイエズス会から召し上げ、アシャッヘンブルクにあった侯の宮廷によびよせます。そして、この種の奇器をほかにも製作することと、公国の測地図を作成することを命じました。キルヒャーは命令を三ヶ月でなしとげ、後にそれが、キル

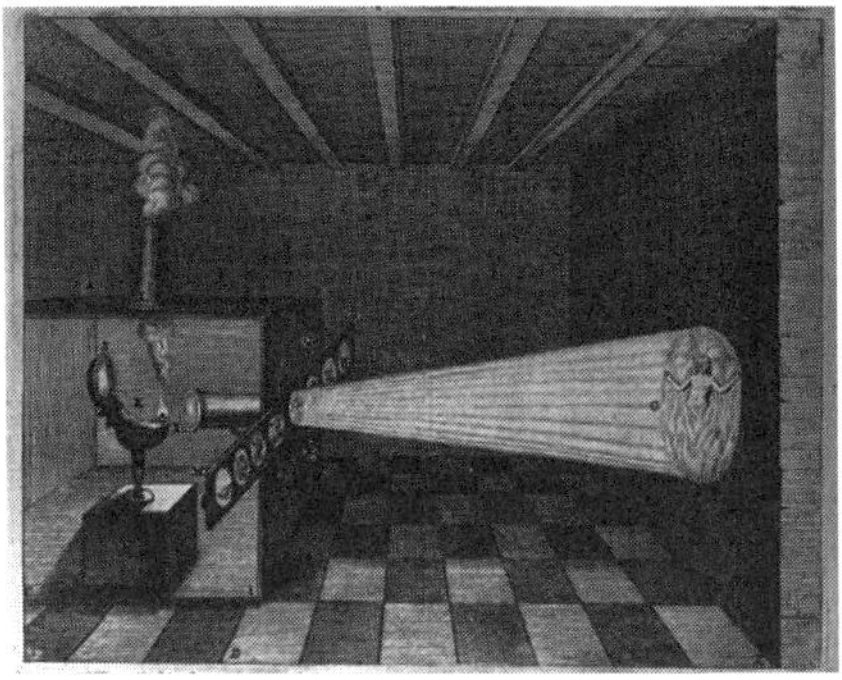

図19　左：『光と影の偉大な芸術』挿絵の幻灯機　右：アタナシウス・キルヒャー

ヒャーの最初の書物『磁石の術』*Ars Magnesia*（一六三一）として結実します(32)。

その後選帝侯が他界すると、神学校に戻り、一六二五年に苦労して望遠鏡を入手し、それを用いて当時未解明であった太陽の黒点現象を観察します(33)。

キルヒャーの研究は、エジプト研究、中国学、地質学、医学、音楽等多岐にわたり、その学識により当時のヨーロッパの最高権威となります。『光と影の偉大な芸術』でキルヒャーは映写機の先駆である幻燈機の原理の概要を述べ、レンズの性質とスライドの投影の効果を示しました。ドイツ文学者前田良三は次のように述べています。

> キルヒャーの世界は図像であふれている。彼は生涯にわたって膨大な著作を執筆・出版した言葉の人だが、その著作には口絵（frontispicium）から始まり、夥しい数の図表（tabula）と挿絵（illustratio）が収録されている。〔中略〕キルヒャーの世界を貫いているのは、こうした「可

視性への情熱」である。(34)

図20　ツァーンによる幻灯の説明図

イエズス会は『エンブレム・ブック』（寓意図像集）を数多く刊行したことでも知られていますが、同会に所属する科学者たちはキルヒャーを筆頭にして、図示・図解という作業を重視しました。活字印刷本の普及とともに、「見ながら考える」「考えるために見る」という今日的思考方式が、ラテン語などの言語が通じない世界へ赴きつつあったイエズス会の布教技術と通じる本質を備えていたからでしょう。(35)キルヒャーという当時のイエズス会最高権威の書物が、イエズス会の科学者をはじめヨーロッパの多くの科学者に読まれ、さらに図示・図解によるわかりやすさも助けとなって、幻燈機の技術が広まったことは想像に難くありません。

この幻燈機と動画を結びつける作業は、原理的には、一七世紀の終わりに『人工の眼』*Oculus artificialis*（一六八五〜一七〇二）の著者、ヨハネス・ツァーン（一六四一〜一七〇七）によってなされます【図20】。

ツァーンはドイツのプレモントレ修道会の学僧でした。彼はキルヒャーの幻燈機の改良に大きな貢献をした発明者の一人です。ツァーンの装置は、幻燈機の円盤にはめ込まれたガラスのスライドを幻燈機のレンズの前で回転させるもので、動きの印象を与える仕組みの発明に成功します。この一連の絵を投影する方法は、ほとんど技術的な変更なく、一九世紀の科学者・実験者たちに利用されました。ツァーンの発明した卓上型の装置は、二〇〇年もの間、幻燈機の典型となるのです(36)。映像を上映する古典的な装置としての幻燈機は、この時点で(原理的には)ほぼ完成を迎えます。しかし動く映像を記録(撮影)し、再現(映写)する機械(映画)の発明には、さらに一〇〇年以上の時間を要するのです。

3　初期の映像エンターテインメント

単純に映像と娯楽(エンターテインメント)を結びつけるのなら、影絵劇が古くから存在します。特に中国やインド、あるいはジャワ島のものが有名でした。中国の影絵劇は紀元前二〇〇年頃にはすでに存在し、舞台劇や初期の映画のように、宗教物・伝説物・歴史物・風刺物・家庭物などが連続して上演されました。様式化された影絵人形は羊の皮かロバの腹の皮で作られ、スクリーンに色が映えるように半透明の色彩がほどこされました。ジャワの影絵劇は、より様式化され、人形の間接部が動くように長い棒をつけられ、それによって操作されます。ドタバタ的喜劇性を持ったトルコの影絵劇はその主人公の名前から、カラギュズ karagoz と呼ばれ、同時にその名はトルコの影絵劇そのものを指すことになりました。(37)

これら影絵劇は世界中に存在します。カラギュズはエジプト、北アフリカ、ギリシャの影絵劇を風靡し、ヨーロッパにも大きな影響を与えます。図21は、カラギュズの影響を受けたアルジェリアの影絵劇を描いた一九世紀の石版画です。ここからも当時の大衆の熱中ぶりが想像できます。(38)

イギリスでも、金属製の関節で動く人形を用いた影絵劇が現れ、カラギュズと同様に喜劇内容でした。ヨーロッパでは、影絵は誤って中国影絵 Ombres chinoises と呼ばれていましたが、実際のところ、シルエットに対する愛好とトルコの影響が合体したものです。一九世紀のヨーロッパで影絵が愛好されたことは、当時、多くの影絵劇の教本が出版されていたことからも分かっています。日本でも手影絵や、切り抜き影絵といった影絵「遊び」は流行しましたが、影絵「劇」としては発達しませんでした。(39)

影絵劇は、簡単な一幕物の狂言です。「酔っ払いの大酒呑兵衛」「料理下手のお菓子屋」など、素朴な主人公たちは、影絵のトリックによって、突然大きくなったり小さくなったり、鼻や首が伸びたりします。そういった影絵劇の映像トリックが、初期の映画、例えばジョルジュ・メリエスのトリック

図21　アルジェリアの影絵劇

映画の中にも姿を見せます。事実、メリエス自身も影絵劇を行っていました。メリエスは、初期の映画製作において最も活躍した人物の一人ですが、その幻想的な映像のテーマは、影絵劇の伝統を受け継いでいるといえるのです。[40]また現存する世界最古の長編アニメーションを監督したロッテ・ライニガーは、影絵劇からスタートし、映像への興味と関わりを持つようになりました。

本節冒頭、「単純に映像と娯楽を結びつけるなら…」と述べました。本書の第1章から第4章は、映像の起源からシネマトグラフへと、映画の技術的な装置の発明へと至る歴史的経緯を概観するものです。影絵劇は、科学技術史的な点においては、映画の誕生に何の意味も持たないという研究家もいます。しかし、「大勢の観客が、同じ時間と場所を共有し、暗闇の中で映像劇を楽しむ」（エンターテインメント性）といった文化史的な意味において、影絵劇は、他の何よりも最初に映画に近かったといえるのです。

4　ファンタスマゴリア

キルヒャーがその著書『光と影の偉大な芸術』で史上初めて幻燈機について記述した一六四六年は、日本では江戸時代前期にあたり、徳川綱吉が江戸幕府の第五代将軍になった年です。この一七世紀は、西洋ではニュートンやガリレイ、あるいはケプラーたちが天体に関するさまざまな法則を発見した科学革命の時代であり、一方で、一五世紀から始まった魔女狩りがピークを迎え、急速に衰退していく時代でした。
そういった迷信と科学の混在した過渡期の時代、イエズス会の修道士たちが宗教的目的に幻燈機という光学装置を利用したのは、その原点が、同じイエズス会士で、学術的権威でもあるキルヒャーの著作であったことから、当然の結果なのかもしれません。

彼ら〔イエズス会〕は地獄の恐ろしさを信徒たちに見せて教化に役立てるためにそれを使用していた。次の十八世紀になると、不謹慎な見世物師たちが魔法使いのような振りをして、時代遅れの農民たちから金銭を巻き上げるために幻燈を利用した。一七一九年にセザール＝ピエール・リシュレが《哲学事典》の中で与えた定義は、この装置の悪魔的な使用法を次のように説明している。「闇の中で白く浮き出た壁の上に幾つものおぞましい幽霊や化け物を見せる仕掛け。そのためその秘密を知らない人々は、そうした事どもが魔術によってなされていると信じ込んでしまう(41)」。

『世界映画全史』の著者ジョルジュ・サドゥールは、民衆の教化目的、あるいは魔術の見世物として、幻燈機が使われはじめたと言います。
この幻燈は一七世紀末から一八世紀にかけて流行し、それは次第に教育目的とともに娯楽色を強めていきます。しかし、エンターテインメントとしての幻燈ショーの出現にはまだ技術的な困難が伴っていました。一八世紀初めには、彩色されたスライド（種板）がはっきり映写できなかったといわれ、それは映写レンズとともに光源が問題だったのです。幻燈の光源は、当初、ろうそくやオイル・ランプによる弱々しいものでしたが、一七八二年に輝度の高いアルガンド燈の出現で拡大映写が可能になり、一八二六年のライムライト〔カルシウム光〕の登場でしだいに解決されていきました。(42)

幻燈機の光源の弱さという問題が解決される一方、オランダのピエール・ファン・ムッセンブレークらによって、機械仕掛けのスライドが開発されます。このスライドにより、一種の動きを表現することが可能になった頃、幻燈による最初のスペクタルショーが出現します。(43)

図22は、一八世紀終わりにベルギー人のロバートソン〔一七六三〜一八三七〕が興行を行い、人気の高かったファンタスマゴリア Phantasmagoria です。フランス文学研究家のマックス・ミルネールは次のように記しています。

> ファンタスマゴリアの発明家エティエンヌ・ガスパール・ロベールは、一七六三年にリエージュ〔ベルギー東部の町〕で生まれ、やがて周囲の英国趣味の影響を受けてロバートソンと改名した。〔中略〕革命歴六年芽月〔一七九八年五月《ママ》〕、彼は〔パリの〕エシキエ館という建物で、「ファンタスマゴリア」と銘打った演し物を始め、たちまち大当たりをとった。この建物が閉鎖されたため、ロバートソンは一時ボルドーに滞在したが、その後あるファンが大胆にもルイ一六世の亡霊を呼びだしてほしいと要求したのを機にパリに出て、フォーブール・サン・トノレ街とヴァンドーム広場の間にある元カプチン会修道院の礼拝堂に腰を据えることになった。ここは場所柄、宗教的

な雰囲気が立ちこめているうえに、昔の修道士たちの墓がすぐ間近に並んでいたから、いやがうえにも〔死人や幽霊たちを主とする〕演し物の印象を強めることになったのだ。[44]

ロバートソンが自らのショーに名付けた「ファンタスマゴリア」という言葉は、その後「視覚上の錯覚に働きかけて幽霊やまぼろしを出現させる技術」（C・ベシュレル『新国語辞典』一八八七）という意味の術語として日常語となり、希有の成功を収めました。ある発明家の作による術語が、ほぼ一般の用語となったのです。[45]

ランボーは『地獄の季節』で、「**俺は玄妙怪奇な幻（ファンタスマゴリア）**を意のままにできるのだ。」と、この言葉を普通名詞として使用しています。発明当時は、あるスペクタルを指す言葉でしたが、次第にさまざまな隠喩としての意味を帯び、一九世紀全般を通じてもてはやされました。[46] ミルネールはファンタスマゴリアの幻想的な効果について、次のように説明します。

上演される演目は、当時のニュースにからむものだった（たとえばロベスピエールが墓場から抜けだし、雷に撃たれて倒れる）が、とりわけ墓場の情景や詩や、死にまつわるテーマや、妖術への同時代人の好みにヒントを得たものが多かった。〔中略〕ロバートソンが行った主な改良は、技術的には《ファンタスコープ》の発明、すなわち魔術ランタンをレールに乗せたことだった。対物レンズをスクリーン方向に移動する幻燈器に合わせて回転させると、一人の人物の姿が徐々に大きくなって、まるで観客に接近してくるかのような印象を与えることができた。この錯覚（イリュージョン）は申し分のないものだったので、観客が思わずぎょっと身を引いたほどであった。動く映像を映しだすもうひとつの方法は、ファンタスコープの内部に一枚の鏡を置き、生きている題材を皎皎と照らしだして、その鏡に反射させることだった。〔中略〕ときにはスクリーンのかわりに煙幕が用いられたこともある。すると幽霊は空中をふわふわ漂っているように見えた。(47)

図22　ロバートソンのファンタスマゴリア

ファンタスマゴリアの成功には、いくつもの要素がありましたが、その一番大きなものは、一七世紀中頃以降の光学理論の驚異的な発展と「実用化」です。光学の実用化は人々のそれまでの視覚的認識を一変させました。デカルトやニュートンがいかに精微に光学上の法則を組み立てても、理論は理論でしかなく、具体的な経験に比べれば、それは人が思うよりもはるかに小さな働きなのでした。(48) ミルネールは以下のように続けます。

> 実用的な観点からして、もっとも注目すべき発明は、ガリレオの天体望遠鏡（一六〇九）、レーウェンフックの顕微鏡（一五九〇）、そしてイエズス会士アタナシウス・キルヒャーの魔術ランタン（幻燈）（一六四四～四五）であろう。中でもこの魔術ランタンは、さまざまな光学的幻覚――それらはやがて一九世紀人の想像の世界に強烈な魅力をふりまくことになるのだが――を想像するうえで、とくに重大な役割を果たした。(49)

レオナルド・ダ・ヴィンチの時代に画家たちが用いていたカメラ・オブスクラは、真っ暗にした部屋の仕切り板に、反対側の仕切り板に開けた孔を通して、描こうとする対象や風景を投影するだけのものでした。つまり、「**現実世界の投影**」という意味で機能するだけです。これに対して幻燈機は、映像の方向を逆にしてスクリーン上にガラス片で描かれた絵、つまり「**創造世界を投影**」したのです。(50)これは革新的、**革命的な光学理論の実用化**といえるでしょう。

一七世紀後半から一八世紀にかけての啓蒙時代（啓蒙思想＝Enlightenment）をその語義から、「光の世紀」ともいいますが、まさに語義どおり、「光」の世紀であったといえるのです。光の伝播の法則を発見し、それを操る思考や技術が実用化されました。つまり世界の外見を矯正したり変形したりできるようになったということです。(51)現実と非現実、客観と主観の境界は、光学装置が作られる以前には、鏡を通してでしか表現できなかったからです。

光学理論の実用化は世界を一変させました。このファンタスマゴリアを映画（シネマトグラフ）の歴史に関係がないという説も存在します。ツェーラムは次のように述べています。

ロバートスンとも称していたエティエンヌ・ガスパール・ロベールの魔術幻燈（ファンタスマゴリア）は、あるいはヘンリー・L・チャイルドの溶暗画[52]なども〔映画映像史のなかの〕本質的なものではなく、本当に最初の映画の発明に到るものではない。〔中略〕〝ファンタスマゴリア〟はリュミエール兄弟のシネマトグラフ劇場とはほとんど関係がない。〔中略〕ある発明から次の発明への〝進化〟がなく、その間に機構学的思考から科学技術的思考へという突然変異が介在しているからある[53]。

図23　ロバートソンのファンタスマゴリア

しかし、本当にそうでしょうか。

ツェーラムは、単に「映画」を「動く映像を映写する**機械**」という科学技術的な一面からしかとらえていません。「映画」を「動く映像を映写する**エンターテインメント性を持った光学装置**」の一種と考えるなら、まぎれもなくファンタスマゴリアは、その「エンターテインメント性」も含め、「映画の誕生」

へ続く映像史のなかで重要な位置を占めているのです。そしてまさに、この「光学機械による映写装置」と「エンターテインメント」の融合こそが、今日わたしたちが「映画」と呼ぶものだからです。

(1) デヴィッド・ルイス＝ウィリアムズ『洞窟のなかの心』港千尋訳（講談社、二〇一二年）二〇頁。
(2) ウィリアムズ、前掲書、二六―二九頁。
(3) ウィリアムズ、前掲書、四〇―四六頁。
(4) ウィリアムズ、前掲書、四七―四八頁。アントニオ・ベルトラン監修『アルタミラ洞窟壁画』大高保二郎・小川勝訳（岩波書店、二〇〇〇年）二一頁（本頁執筆、ホセ・アントニオ・ラセラス・コルチャーガ）。
(5) ウィリアムズ、前掲書、四七―四八頁。
(6) ウィリアムズ、前掲書、五〇頁。
(7) ウィリアムズ、前掲書、五〇―五一頁。
(8) ウィリアムズ、前掲書、五一―五七頁。
(9) ウィリアムズ、前掲書、七頁。
(10) ベルトラン、前掲書、ウィリアムズ、前掲書。
(11) ベルトラン、前掲書、八七頁（本頁執筆、マティルデ・ムスキス・ペレス＝セオアーネ）。
(12) ウィリアムズ、前掲書、六八―八四頁。

(13) ウィリアムズ、前掲書、四三六―四六九頁。
(14) 同前。
(15) 青山昌文『芸術史と芸術理論』（放送大学教育振興会、二〇一〇年）二五―二六頁。
(16) 同前。
(17) Marc Azéma, *La préhistoire du cinema* (Paris, 2013).
(18) 蘆田宏「動き知覚と動画の認識」『映像情報メディア学会誌』第五八巻、八号、二〇〇四年。
近年、知覚研究の観点では、すべての動きの知覚は脳内で推定される仮現運動（Apparent Motion）であると考えられています。が、まだまだ研究途上の分野であり、ロジェの説明する視残像、あるいは視覚の存続（Persistence of Vision）という考え方を完全に否定し切れているわけではありません。
(19) J・J・ギブソン『生態学的視覚論（ヒトの知覚世界を探る）』古崎敬ほか訳（サイエンス社、一九八五年）三二一―三二三頁。
(20) 山田琢『墨子　新釈漢文大系51』（明治書院、一九六八年）四九九―五〇〇頁。
(21)「数学理論に関する諸問題」『アリストテレス全集11　問題集』戸塚七郎訳（岩波書店、一九六八年）二三三―二三四頁。以下原文。
(11)太陽の蝕の際に、篩や木の葉（例えばプラタナスとか葉の広い植物などの葉）を通して観察したり、或いは、両手の指と指を絡み合わせて〔その隙間を通して〕観察したりすると、光の影が地上で三日月形になるのは何故であろうか。あるいはそれは、光が真四角の覗き孔を通して輝く場合に円形を（すなわち円錐形を）なすのと同じだからであろうか。その理由は、〔この場合には〕二つの円錐が、すなわち、太陽から覗き孔までの円錐と穴から地上までの円錐の二つが、頂点を相接して生ずる、ということである。さて、このような事情の下で上方にある〔太陽の〕円がその一部を切りとられる場合には、〔孔の〕反対側ではこの光の影が三日月形となるのであろう。なぜなら、この場合の光線は、円形のうち三日月形の部分から生じているからである。ところで、指の間や篩を通る光線は、言ってみれば〔より小さい〕覗き孔を通して生じてくるようなものである。それゆえ、大きな覗き孔を通してみるよりも、影像がもっと鮮明なのである。しかし、月の光線によっては、それが蝕の時も、また満ちていようと欠けていようと、この影像は生じない。その理由は、月の極点から出る光線が明確な輪郭を持たず、ただ中心部においてのみ輝いているためである。しかるに三日月においては、その中心部は小さいのである。

(22)「イブン・アル・ハイサム」『日本大百科全書(ニッポニカ)』(小学館、一九八四―一九九四年)電子辞書版、二〇一四年一二月更新(平田寛執筆)。

(23) 平木収『映像文化論』(武蔵野美術大学、二〇〇二年)一〇頁。

"Roger Bacon" *Stanford Encyclopedia of Philosophy*〔https://plato.stanford.edu/entries/roger-bacon/〕(二〇二二年二月二二日)。

(24) 渡辺保・小林康夫・石田英敬編『表象文化研究』(放送大学教育振興会、二〇〇六年)一三―一五頁。

(25) 同前。

(26) 同前。

(27) 飯沢耕太郎監修『〔カラー版〕世界写真史』(美術出版社、二〇〇四年)八―九頁(本頁執筆、大日方欣一)。

(28) C・W・ツェーラム『映画の考古学』月尾嘉男訳(フィルムアート社、一九七七年)四四―四五頁。

(29) フィリップ・ステッドマン『フェルメールのカメラ――光と空間の謎を解く』鈴木光太郎訳(新曜社、二〇一〇年)。

(30) ジョスリン・ゴドウィン『キルヒャーの世界図鑑』川島昭夫訳(工作舎、二〇一四年)二一二頁。ツェーラム、前掲書、四五頁。

(31) ゴドウィン、前掲書、二七三―二七四頁（荒俣宏による「三人のキルヒャリアン」より）。
(32) 同前。
(33) 同前。
(34) 同前。前田良三「キルヒャーと可視性のメディア――メディア文化史的注記」『19世紀学研究』第九号、二〇一五年三月、七五頁。
(35) ゴドウィン、前掲書、一八―二四頁。
(36) ツェーラム、前掲書、四七頁。
(37) ツェーラム、前掲書、三三―四三頁。ジョルジュ・サドゥール『世界映画全史』第二巻、村山匡一郎・出口丈人訳（国書刊行会、一九九二年）一二―二八頁。
(38) 同前。
(39) 同前。
(40) 同前。
(41) サドゥール、前掲書、第二巻、一五頁。
(42) 村山匡一郎編『映画史を学ぶクリティカル・ワーズ』（フィルムアート社、二〇〇三年）二七頁。
(43) 村山、前掲書、二七―二八頁。
(44) マックス・ミルネール『ファンタスマゴリア――光学と幻想文学』川口顕弘・篠田知和基・森永徹訳（ありな書房、一九九四年）一三―一四頁。マックス・ミルネール（一九二三年生まれ）は、ディジョン大学、パリ第三大学（新ソルボンヌ）の教授を経て、一九八八年以来、パリ第三の名誉教授となったフランス文学研究者です。教育功労賞・一等勲章の受章者であり、一九世紀ロマン派学会の会長を務めます。主な著書に『フランス文学における悪魔――カゾットからボードレールまで』（一九六〇）など。（訳者あとがきより）。

(45) ミルネール、前掲書、九―一六頁。

(46) 『地獄の季節』ファンタスマゴリアの一節、以下原文と日本語訳。"Je vais dévoiler tous les mystères : mystères religieux ou naturels, mort, naissance, avenir, passé, cosmogonie, néant. Je suis maître en fantasmagories."［俺はすべての謎を明らかにする：宗教的または自然の謎、死、誕生、未来、過去、宇宙創生、虚無を。私はファンタスマゴリーの達人なのだ。］Arthur Rimbaud, *Une saison en enfer* (Good Press, 2020). "Je suis maître en fantasmagories." を直訳すると「私はファンタスマゴリーの達人なのだ。」でしょうが、ここでは、前掲書、ミルネール『ファンタスマゴリア』の訳を引用しています。

(47) ミルネール、前掲書、一五―二二頁。

(48) ミルネール、前掲書、一五―一七頁。

(49) ミルネール、前掲書、一七頁。

(50) ミルネール、前掲書、一七―二〇頁。

(51) ミルネール、前掲書、二五八―二五九頁。

(52) ツェーラム、前掲書、二四頁の注28より。一八四〇年にチャイルド（イギリス人、詳細不明）が、幾枚かのスライドを複数台の幻燈機にセットし、交互に明滅させて上映することによって動きを表現したのが、いわゆる溶暗画（ディゾルヴィング・ヴュー）です。これは映画的ではあるのですが、背景の前を通過していく荷車の車輪は回転していません。このアイディアはオランダの数学者ピーテル・ファン・ムスヘンブルーク（一六九二―一七六一）がすでに考えていたものです。彼は絵を描いた何枚ものガラス板を互いに入れ替えられるようにして、波立った海を船が進んでいったり、風車が回ったり、人々があいさつしたりする光景が表現できると提案していましたが、おそらく実際に実験していたと考えられています。

(53) ツェーラム、前掲書、二二―二三頁。

第2章　写真――静止画の歴史

私たちが使っている「写真」という言葉の起源を遡ると、古代中国の文献に行き当たる。紀元五世紀の〔中略〕書物にその用例が見られ、人物をありのままに写生した肖像画として使われている。その後、日本に伝わった「写真」は、貴人の肖像や神仏を描いた画を指す言葉となった。
この意味が変わり始めるのは十八世紀半ば、江戸時代中期である。この頃から肖像画に限らず、リアルに対象物を描き出した絵画全般を「写真」と呼ぶようになった。
島原学
『日本写真史（上）幕末維新から高度成長期まで』（中央公論新社、二〇一三年）

1　映像の定着

全ての映像は光と影からなり、その理論的出発点は、墨子やアリストテレスの時代から知られていたピンホール現象でした。「明るい外界から小さな孔を通った光は、暗闇の部屋の中、孔の反対側の壁に倒立した像を結ぶ」このピンホール現象、あるいはカメラ・オブスクラの原理を利用して、さまざまな原始的映像装置が発明された歴史は、前述の通りです。

幻燈機やファンタスマゴリアのような映像エンターテインメントが発明された当時、人々にとって映像は「一瞬のイメージ」であり、「消え去るもの」でしかありませんでした。しかし一方で、そんな時代に発表された小説の一節にこんなシーンがあります。

主人公は砂漠の国の長老に案内されて、小さな広間に導かれます。そこには全く現実であるかのような荒れ狂う海が出現するのです。彼は、なぜアフリカのど真ん中に大海があるのだろうと窓に駆け寄りますが、何か壁のようなものにぶつかります。そして長老に「慌ててはいけない。この窓も、広大な水平線も、厚い雲も荒れ狂う海も、みな絵にすぎないのだよ。」と言われ、自分自身の手でそこに触れて、はじめて納得するのです。長老は主人公に説明します[1]。

精霊たちは画才を発揮したのではなく、むしろ物理学を巧妙に応用したのだ。〔中略〕知ってのとおり、さまざまな物体に反射した光線が映像をつくり、つるつるした表面なら何にでも、たとえば網膜、水、鏡などの上に映し出す。精霊たちはこの一過性の像（イメージ）を固定しようとした。そのため、きわめて微細で粘性が高い超速乾性の物質を合成した。これによって絵は一瞬のうちに出来上がるのだよ。〔中略〕鏡は対象を忠実に映すが、何ひとつ保っておくことはできない。われわれのカンバスは対象を忠実に映すだけではなく、そのまま保つ事ができる。一時間後には塗り薬が乾き、どんな芸術も及ばないくらい真に迫り、時間の経過によっていささかも損なわれ

ることのない貴重な絵が出来上がるわけだ。(2)

前記は、一七六〇年に発表されたティフェーヌ・ド・ラ・ロシュ（一七二二〜一七七四）による砂漠の彼方にある都市の冒険譚『ジファンティ』です。まさに「感光／現象／定着」を思わせるような記述がされており、当時の人々の「映像」を「固定」したいという潜在的な願望が内包されていた、あるいはそのような技術の発明を予見していたと考えることができます。後に「写真術」の発明者となるジョゼフ・ニセフォール・ニエプス（一七六五〜一八三三）も、この空想小説に強く影響された一人です。(3)

近世の人々が——古代洞窟の壁や天井に、自然の動物たちの姿を固定しようとした——三万年以上前の同じ人類と、同じ根源的な欲望・願望を持っていたと考えるのは、理にかなっています。古代壁画の真贋論争に揺れた原始映像史と比較して、近代の写真術の歴史はかなり明確です。ルネサンス期の錬金術を経て、いくつかの物質が持つ感光性は知られるようになりましたが、化学物質の感光性が、写真術につながる実験に用いられるようになったのは一八世紀になってからです。

ドイツのヨハン・ハインリヒ・シュルツェ（一六八七〜一七四四）は、一七二五年に、硝酸銀と白亜の混合物の上に物を置いて光に当てると、そのシルエットが作られるのを偶然発見します（発見の年は、一七一九年、一七二七年などいくつかの説があります）。(4)これは熱ではなく「露光・感光による黒変」であり、写真術にとって、極めて重要な発見でした。(5)

その後、同様の現象を複数の化学者たちが報告しています。一七七七年にはスウェーデンのカール・ヴィルヘルム・シェーレ（一七四二〜一七八六）が、塩化銀の感光性についての実験結果を出版しました。シェーレは、日光のスペクトルのうちの紫外線が光化学作用によってこの現象をおこすと、黒変をおこす物質は銀の粒子であり、アンモニアで凝結できることを立証しました。一八〇二年、イギリス人のトーマス・ウェッジウッド（一七七一〜一八〇五）はガラスに描いた絵を硝酸銀で感光させ、白い革に転写する実験に成功します。ハンフリー・デービー（一七七八〜一八二九）とジェームズ・ワット（一七三六〜一八一九）も同じ実験に成功しますが、いずれも暗くしておかないと、得られた画像はすぐに消える、いわば一時的な影にしかすぎませんでした。[6]

美術・写真評論家の大日方欣一は写真に先立つ画像文化史について、次のように語っています。

18世紀末以来の石版印刷術〔リトグラフ・lithograph〕の発明と普及は、写真の誕生に先立つ画像文化史上の核心的な出来事として注目に値する。ドイツのアロイス・ゼネフェルダーによって1798年頃に開発されたこの新しい「版」の技術は、版面に凹凸を施す従来の版画技法とは異なり、石灰石などの版材に脂肪性のクレヨンやインク、チョークなどで描画し、その面上へ弱酸性溶液（アラビアゴムと硝酸の混合液）を塗布することで化学変化を起こし、版を形成するというものだった。多様な筆触やトーンの効果を表現でき、しかも簡便でスピーディな複製能力を持ったため、それは早くから出版事業と結び付き、中産階級の出現に特徴づけられた19世紀西欧の社会にふさわしいグラフィック・アートとして興隆していくことになった[7]。

黎明期の写真術は、カメラ・オブスクラの映像を捉え、定着させることが大きな目標の一つであったことは間違いありませんが、それだけではなかったのも事実です。カメラによる映像の定着とは別に、一枚の原画から多数のコピーを取る、画像複製の新技術への期待と欲求もありました。

ニエプスの場合は、石版印刷（リトグラフ）の技法研究から出発しました。彼は一七八九年のフランス革命に革命軍将校として参加し、ニースの行政を担った後に引退します。ニエプスは一族の所有地で金利生活を送っていましたが、当時のヨーロッパの宮廷と上流社会を夢中にさせていた石版印刷術に熱中します。しかし彼には、二つの大きな障害がありました。住んでいたブルゴーニュ地方では石版印刷用の石を手に入れることができませんでしたし、彼はデッサンが不得意でした。リトグラフでは実際に描画する必要があるのです。そこでニエプスは、石をさまざまな物質を塗った金属と取り替えることを試み、手本に使える版画を複写するために、作画の補助器具としてカメラ・オブスクラを使用したのです[8]。

ニエプスは、一八一〇年代には画像の定着実験というかたちで写真術に手を染めます。一八一六年、ニセフォール・ニエプスは兄のクロード（一七六三〜一八二八）と、塩化銀で感光性を持たせた紙に画像を焼き付けましたが、明暗は逆になり、ポジのプリント制作はうまくいきませんでした。しかし、ニエプスはアスファルトの熱変化に着目します。アスファルトは感光した部分は固くなりますが、感

図1　ニエプスが使ったカメラ・オブスクラ

図2　「馬を引く男」（エリオグラフィ）

光しなかった部分は水に溶けます。露光時間が晴天でも六時間以上におよび、画像も鮮明ではありませんでしたが、彼は、極めて原始的な写真にたどり着きました。[9]

一八二二年から二七年にかけて、兄が外国旅行をしている間に、ニエプスは単独で実験を行い、瀝青《れきせい》（天然アスファルト）を塗布したガラスや金属板の板を支持体に用いました。

彼は、この表面に油かニスを塗って半透明にした版画を重ね、太陽の光を当てます。絵の線の部分は遮光されるため瀝青は硬化しません。露光後に、瀝青を洗い落とすと、版画の描線部分が残りました。ニエプスはこれを「エリオグラフィ」Héliograpie（太陽が描く絵）と名づけます。[10]

彼はさらに彫刻師に依頼し、エリオグラフィにできた溝を深く刻み、それを印刷原版として実用に耐えうるものにしようとしました。つまり、ニセフォール・ニエプスは、ここで写真術を創始するとともに、写真の原理による印刷技法の開発も行っていました。[11]

ニエプスは、写真製版技術の研究を進めていくにつれて、もうひとつの課題にも活路を見出します。カメラ・オブスクラが結ぶ光学像の化学的定着です。彼はエリオグラフィで成功した手法、つまり瀝青を塗布したシロメ板（錫と鉛の合金）をカメラ・オブスクラに装塡して、露光実験に着手します。一八二七年（一説には一八二六年）の夏ごろ、露光に八時間をかけ、自宅窓からの景色（地所にある鳩小屋）の撮影に成功します。図3の「ル・グラの自宅窓からの眺め」Point de vue du Gras です。荒い粒子で、かろうじて像を識別できる程度ですが、レンズの向こうの光景（映像）を直接陽画（ポジ像）として固定（定着）しました。極めて原始的な方法ですが、人類最初の写真撮影の成功です[12]。

図3「ル・グラの自宅窓からの眺め」（世界最古の写真）

写真の発明がもたらした衝撃を無視して一九世紀以降の芸術や芸術理論、いえ、人類の文化生活を考えることはもはや不可能でしょう。その衝撃の源泉、全ての映像化社会の源泉である、現存する世界最古の写真画像（実世界映像の定着）です。

2　ダゲレオタイプ

画像の定着に成功したニエプスは、その技術をより実用的な水準、つまり露光時間の短縮へ試行錯誤を繰り返しましたが、思わしい結果は得られませんでした。そういった時に、もう一人の写真の発

図4　ジオラマ（左：内部　右：客席）

明者が現れます。ルイ・ジャック・マンデ・ダゲール（一七八七〜一八五一【図6】）です。

二人の出会いのきっかけについては諸説あります。実用化にはほど遠いニエプスの発明の噂を聞いてダゲールが協力を申し出た。あるいは、行き詰っていたニエプスが、自身にカメラ・オブスクラを提供していた光学機器商のヴィンセント・シュバリエに相談をし、シュバリエを介してダゲールを紹介された等です。明確な事実としてあるのは、ニエプスとダゲールは、一八二九年一二月一四日に、一〇年間有効な共同作業契約にサインをしたということです。二人は暗号文書で連絡を取り合い、実用化への共同研究を進めます。とはいえ、この時点でダゲール自身は、まだ何の成果も得てはいませんでした。[13]

ダゲールは画家で、パリの学校で建築や製図を学んだ後、舞台芸術家の弟子となり、その後独立して「ジオラマ」と銘打った見世物館を経営して大成功を収めていました【図4】。

ジオラマは「パノラマ」からアイディアを得たものです。

図5　ダゲールによって描かれた「ホリールード礼拝堂の遺跡」

図6　ダゲール

パノラマは一七八五年にエジンバラのロバート・バーカー（一七三九〜一八〇六）によって発明された、半円形上の画布の上にだまし絵を並べたものです。ダゲールはこれを改良し、舞台装置に透写幕と照明効果を利用して、早変りができるようにしました[14]。

ジオラマは役者が登場しない光学ショー（光学劇場）であり、たとえば最も有名な『サン・テティエンヌ＝デュ＝モンの深夜ミサ』では、祭壇の両側に螺旋階段があり、それをつなぐ橋があり、巨大なアーチを形成している壮麗な内装とオルガンと聖歌のなかで、観客は荘厳な真夜中のミサに参列するのです。そして最後にろうそくが消されて暗闇となり、プラグロムが終わります。この演目は一八三四年から三七年にかけて三年近く上演されました[15]。

パノラマとジオラマの大きな違いは、前者が反射光のみで眺め、後者は透過光も利用されることです。観客は回転する床の上に座り「ナヴァリノの開戦」「セント・ヘレナ島」「リマの大地震」「スイスのゴルドー谷惨事の前後」「エジンバラの大火」など、いくつかの画面が相次いで投影されるのを眺めるのです。ダゲールはこのように動きのある光学的見世物によって、時間の変化を光の効果を使い表現し、ニュース映画のようなスペクタル映像を提供しました。ジオラマは、一八二二年に彼がパリのサンソン街に設計した建物で初公開され、大衆芸能としてあっという間にパノラマを追い抜き、大成功しました(16)。

ダゲールはそのようなジオラマ館をパリとロンドンに持っていました。ジオラマの風景の原画を描くのは彼自身の役割でした。画法として、より現実的な描写が必要で、正確な遠近法が要求されます。そのため、ダゲールは他のパノラマの創作者たちと同様に、補助器具としてカメラ・オブスクラを使用していましたが、やはり自らの手で像をなぞらなくても良い仕掛けが欲しいと考えていました。そんなときにニエプスと出会いました(17)。

一八三三年に突然ニエプスが亡くなると、息子のイシドール(一八〇五～一八六八)が父の後を継ぎ協力しました。ダゲールは瀝青をあきらめ、ヨード処理した銅板で実験を続けますが、やはり像を得る時間を短縮することはできませんでした。

そして一八三五年、彼は潜像として知られる現象に思い当たります。これによって、露光したプレートの上に像が現れるまで待つ必要はなくなり、化学的な現像(水銀の蒸着)を行うことで劇的に露光時間を短縮できました。残された問題は光によるハロゲン化銀の反応を止めないと黒変が続くことでしたが、一八三七年に、塩化ナトリウム溶液(食塩水)に浸せば、光との反応が止まることを発見します。ダゲールは自らの発明を「ダゲレオタイプ」Daguerréotypeと名づけます[18]。

ダゲレオタイプの大きな特徴は、ポジティブ画像を直接に得るため、銀板上に定着されたその一枚だけが最終的な（複製できない）画像になるということと、鏡のように左右反転することでした。また、指紋や外気の状態によってすぐに損傷してしまうため、ケースに入れてガラスで保護する必要があります[19]。

ダゲールは実用的な技法を達成すると、まず一括して売却しようとし、次に富裕層に向けて、予約金を募り販売しようと考えました。一八三八年にダゲール自身が書いた宣伝用のチラシが残っています。


皆様にお知らせする私の発見は、たいへん稀なものです。それは、その原理、そこから生み出される実際の作品、さらに諸芸術に及ぼすに違いないすばらしい影響といった点で、当然最大級の有用性と非凡さをそなえた発明のひとつに数えられるべきものなのです。〔中略〕この技法を用いるなら、デッサンの素養などいっさいなくても、化学や物理学の知識などいっさいなくとも、ものの数分で、きわめて緻密な眺望図、きわめて画趣に富む景観図を手に入れることができるようになるでしょう。〔中略〕だれもが、〈ダゲレオタイプ〉の助けを借りて、みずからの城館や田舎の別荘の姿を写すようになることでしょう。〔中略〕芸術が真似ることのできないほどの正確さ、完璧な細部をそなえており、光にさらしても変質しないようになっているのでますます貴重です。

図7　ダゲレオタイプの初期作品は露光時間の長さから静物を写した。

肖像画さえ可能になるでしょう。〈ダゲレオタイプ〉とは自然を描くのに役立つ道具ではなく、自然に、おのずからみずからを再現する力を与える化学的・物理学的技法なのです。

ダゲール[20]
画家、〈ジオラマ〉の発明者・館長

ダゲールは宣伝チラシの中で、「自然の映像を最初に獲得した」のはニエプスであるとしながらも、それはあまりに長い露光時間を必要とし、実用的には役立たなかったと記しています。ダゲレオタイプを彼独自の発明にするためには、原理ではなく実用性を強調しなくてはならなかったからでしょう。またこの時点ではその露光時間の長さから、肖像画を撮ることは不可能でしたが【図7】、その可能性を予見しています。しかし、彼のこの販売計画は失敗に終わります。当時の富裕層は、自身の城館や別荘を写真として記録することにさして食指を動かされなかったのか、ダゲールの宣伝文句をうさん臭いものと信用できなかったのか、あるいは、高価な値段に見合う発明だと認識されなかったのか、いくつか理由は考えられます。いずれにせよ、このチラシは世に出ることはありませんでした(21)。

図8はダゲールによる写真「パリ、タンプル大通り」です。一八三八年から三九年ごろに撮影されたもので、長い露光により道路を行きかう人馬は写っていませんが、唯一画面左下に片足を何かに乗せた人物が写っています。そこに何時間か立っていたのでしょうか。歴史上、最初に写真に写った人物だと推測できます。

図8　ダゲール「パリ、タンプル大通り」(ダゲレオタイプ)

ダゲールは販売計画が頓挫すると、今度は政治的な働きかけを行います。一八三八年の末に、彼は博物学者で地理学者でもあるアレクサンダー・フォン・フンボルト(一七六九～一八五九)と、天文学者であり政治家でもあるフランソワ・アラゴー(一七八六～一八五三)にこの発明を見せます。アラゴーは二三歳の若さで科学アカデミー会員に選ばれ、この当時はパリ天文台長であり、同時に下院議員でした。その科学的知識と雄弁さで大きな影響力を持っていました。物理学や化学の研究こそ国家経済を繁栄に導く基礎だと考えていたアラゴーは、一八三九年一月七日にダゲールの発明をフランス科学アカデミーに報告します。アラゴーはこの発明をフランス政府に買い上げさせるように働きかけ、一八三九年八月一九日、発明者を伴い科学アカデミーと芸術アカデミーの合同会議の場で、発明内容を公開しました[22]。

フランス政府はこの発明を公式に買い上げ、ダゲールに六〇〇〇フラン、ニエプスの息子に四〇〇〇フランの年金を与えることにします。こうしてダゲレオタイプは公有財産となり、広く世界に公開されることになったのです[23]。

当時のヨーロッパの人々の熱狂ぶりを『世界映画全史』のジョルジュ・サドゥールは次のように述べています。

当時のヨーロッパの人々は、夢中になって〈ダゲレオタイプ・マニア〉になり、ダゲールに倣って、とくにモニュメントや風景を撮影した。対象が〈フォトジェニック〉なものならば、露出は三十分を越えることはなかった。このようにして人人は、ただ一枚の焼き付けられた写真を手に入れるのに、重さが二十五キログラムを越す撮影装置、銀板研磨機、ヨード感光や水銀現像用の特別製木箱、現像皿、水銀ランプ、三脚台などを撮影現場に運ぶため荷車を必要とするほどの手間と費用をかけたのであった[24]。

一八四〇年には、シュバリエをはじめとする幾人かの光学技師たちがレンズを改良し、また露光時間も二〇分ほどに短縮されます。こうして最初の肖像写真を撮ることが可能になりました。この年、アメリカ・ニューヨークで、世界で初めてのダゲレアンパーラーが開業し、以降アメリカ各地に同様の写真館が作られました(25)。それまで王侯貴族・富豪など、特権階級しか持ちえなかった肖像画が、ダゲレオタイプによって庶民に広がったのです。自分自身の肖像画を子孫に伝えることができる――限られた富裕層にしか得られなかった――特別な権利を、一般庶民も持てるようになったのです。

3　写真の実用化へ

ダゲールによるダゲレオタイプが発明されたとき、同様の研究は多くの人々が行っていました。イギリスの科学者であるウィリアム・ヘンリー・フォックス・タルボット（一八〇〇～一八七七【図10】）もそのひとりです。彼は写真の発明の初期に重要な貢献をしています。

タルボットはイングランド西部のレイコック・アビイに領地をもち、一一世紀建立の古い修道院を改築した城主でした。大学で数学や言語学を修め、風景画を描くことを趣味としていましたが、一八三三年のイタリアへの新婚旅行のときに用いたカメラ・オブスクラが、思いのほか不便な道具だったことを契機に、映像の化学的定着という着想を得たといいます(26)。

社会的に恵まれた地位にあったタルボットには、友人に著名な天文学者・物理学者であるジョン・フレデリック・ウィリアムス・ハーシェル（一七九二～一八七一）がおり、写真術の開発に良きアドバイスを受けることができました。彼の行った手法は、ニエプスやダゲールが金属板を使用したのとは違い、紙の上に像を得ようとするものでした。一八三五年には小型の特殊カメラに薬品処理を施した紙を装てんして、自邸を捉えた数多くの陰画（ネガ）を作り出すことに成功しています。逆説的に言えば、まだ「ネガ」でしか画像を記録できていませんでした[27]。

一八三九年一月にダゲールの報告が出されると、タルボットは一八三七年以来ほとんど実験を中断していた自身の技法を公開に踏み切ります。ダゲールの報告の翌月、ロンドンでのことです。そしてネガからポジへ反転して複製を作るということを思いついたのです[28]。

写真術とは本来、「映像を定着する技術」というだけではなく、まず「**ネガ像を得て、そこから明暗と左右の反転を正常にしたポジ像を複製する技術**」でもあります。しかし、当時の人々にとって、写真の複製という潜在的価値は、十分に理解されなかったようです。この時はネガからポジへの反転は、むしろ煩わしいと思われたのです[29]。

ニエプスが写真の発明を始めた当初には、一枚の原画から複数のコピーを作る複製技術への期待もあったはずですが、実際に写真が発明されると、「複製技術よりも画像の鮮明さ」が写真術に求められました。それは何よりも、タルボットの生み出した画像が、ダゲレオタイプの持つ細部に富んだイメージに比べて見劣りしていたという事実から推測できます。像の安定のため、タルボットは最初にヨウ化カリウムや食塩を使っていましたが、ハーシェルの勧めでハイポ（次亜硫酸ソーダ）を使用するようになります。すると、未感光で残った銀塩をすっかり除去できるようになり、画像の安定性が満足できるものになりました[30]。

図10　タルボット

図9　タルボット「建設中のネルソン提督碑」(1843年頃)

タルボットはこれらの作品を「フォトジェニック・ドローイング」Photogenic drawing と呼んでいましたが、ハーシェルから受けた用語法の示唆が決め手となり「フォトグラフィ」Photography と呼ぶようになりました。(31) ギリシャ語の「光＝photos」＋「描く＝graphos」から生まれた、「光によって描く技術」という広い意味合いの名称に重きを置くようになったのです。ハーシェルはまた、技法の根幹となる明暗の反転した像とそれを再反転した像に、ネガティブとポジティブという呼び名を与えます(32)。

翌一八四〇年、タルボットは潜像を発見します。フランス硝酸銀の混合物を紙にしみこませ感光性を持たせ、カメラに入れて露光を行い、時間を経て同じ溶液に浸すと、白く見える印画紙に次第に像が形成されました。薬品による現像のおかげで、晴れた日であれば露光時間が三〇秒ほどに短縮されます。タルボットは、一八四一年二月に特許をとり、このネガ・ポジ法を「カロタイプ」と名づけます(33)。

タルボットは出版工房を設け、本や雑誌の挿画に写真印刷を使う計画を進めます。一八四四年から四六年までに順次刊行された『自然の鉛筆』は、彼自身による文章と画像を集めたもので、写真術の科学的・実用的な方法を説明して図解してみせる最初の出版物になりました[34]。

フランスではダゲレオタイプが一般民衆を魅了しつづけていましたが、一方でカロタイプに大きな関心を寄せるアーティストたちも現れます。ダゲレオタイプでは、視野の設定、ポーズ、ライティングだけが、撮影者によって成しえる美学上の決定でしたが、カロタイプでは、同じネガを元にプリントを作る過程で解釈上の判断を働かせることができます。明暗や色調をめぐる美学的な決定は、感光剤や調色液の塗布の仕方、紙の選び方で行えますし、またネガ、あるいはプリントに修整を施して画像の外観を変えることができたからです。カロタイプは写真術を創造的に追求する人々の間で評価を高めていきました[35]。

タルボットが三〇秒に縮めた露光時間は、一八四七年までにニセフォール・ニエプスの縁者（甥、従弟の両説有り）にあたるアベル・ニエプス・ド・サン＝ヴィクトール（一八〇五～一八七〇）が三秒に縮めます。一八五一年にはフレデリック・スコット・アーチャー（一八一三～一八五七）が湿式コロジオン法 Collodion process を発表しました。これは感光材料のベースとしてガラスを用いる実用的な最初の方法でした。その技法は——硝化綿（綿火薬などに用いるパイロキシリン）をエーテルで解き粘り気のあるコロジオンという物質にしてガラス面に塗布し、その表面が乾かないうちに暗所で感光性のある銀塩に浸して、さらにその表面が乾かないうちに撮影を済ませ、即座に現像処理するもの

――手間と煩わしさがある方法でしたが、その解像力の良さと階調の美しさで瞬く間に広く普及しました。[36]

後の一八七〇年代に乾式のゼラチン感光板（ガラス乾板）が登場するまで、写真術はこのコロジオン法に偏重されるのでした。

4　日本への写真の伝来

日本に写真が上陸したのは、ダゲールがその技術を公開した一八三九年からわずか九年後、一八四八（嘉永元）年のことです。輸入したのは長崎町人の上野俊之丞《としのじょう》（一七九〇～一八五一）です。上野は舎密学《せいみがく》（化学）を学び、火薬の原材料となる焔硝《えんしょう》を納入していた薬種商人でした。彼はダゲレオタイプをオランダから入手し、最終的にこの写真機一式を薩摩藩に献上します。長崎で坂本龍馬の写真【図14】を撮影した上野彦馬の父です。[37]

上野からダゲレオタイプを譲り受けた薩摩藩では、世子の島津斉彬《なりあきら》（一八〇九～一八五八）がこれを「陰影鏡」と呼び、自藩の蘭学者である市来《いちき》四郎（一八二九～一九〇三、島津斉彬の側近、明治以降は島津久光の側近）、川本幸民《こうみん》（一八一〇～一八七一、幕末の蘭学者。初めてビールを醸造した日本人）らに命じて研究をさせました。一八五七（安政四）年、藩主となった斉彬の肖像が市来らによって撮影されました【図11】。「日本人による」最初の写真撮影だとされています。[38]

図11　市来四郎ほか「島津斉彬」（1857年）

図12　幕末・明治初期の露店

しかし、日本でダゲレオタイプが広まることはありませんでした。一八五〇年代後半には、フレデリック・スコット・アーチャーの湿式コロジオン法が持ち込まれたからです。前述のように、湿板写真はダゲレオタイプに比べて感度が高く、ガラス板を繰り返し使えるためにコストが抑えられたことと、なによりもこのガラス原版をネガフィルムとして使用することで、焼き増しして複製を得ることができたからです[39]。

浮世絵版画等に親しんだ日本人にとって、複製可能なこの技術はなじみやすかったのかもしれません。コロジオン法は、一八五一年に発明されましたが、アーチャーは故意に特許を取りませんでした。そのことがこの方式が世界に広まった大きな理由でもあるのですが、アーチャーは貧困のなかで死にました。

図13は日本最古の写真の一つです。マシュー・ペリー提督率いる黒船艦隊の二度目の来日時に撮影されたものです。随行写真師エレファレット・ブラウン・ジュニア（一八一六～一八八六）が琉球（沖縄）、下田、横浜、箱館と艦隊の寄港にとも

なって各地の人や風景を撮影しました。写真の模写は一八五六年に『日本遠征記』の図版に使用され、この仕事により、ブラウン・ジュニアは世界初の従軍写真師と呼ばれています[40]。

一八七一年、イギリスの物理学者リチャード・リーチ・マドックス（一八一六〜一九〇二）は、臭化銀を含んだゼラチンを塗ったガラス板（乾板）を用います。この乾板の露光時間は後に一〇〇分の一秒に切り詰められました。マイブリッジによる動態撮影（後述）も、一八七八年頃には特別設計の電動シャッターが装備され、一〇〇〇分の一秒のシャッター・スピードで連続撮影に成功します[41]。

こうして写真（フォトグラフィ）の主流はダゲレオタイプから湿板へ、湿板から乾板へと変わります。乾板の登場で湿板は市場から追放され、写真は真の意味——**動くものを静止画像として記録する装置**——で世界に広がっていきました。それはやがて一般の人々の手の届くものとなり、写真は「実験」と「発明」の時代から「産業」の時代へと変わっていくのです。

図13　エレファレット・ブラウン・ジュニア「浦賀奉行与力・田中光儀」（1854年）

図14　上野彦馬「坂本龍馬」（1866年）

（1）ティフェーヌ・ド・ラ・ロシュ『バジリアットまたは浮島の難破　ジファンティー』（ユートピア旅行叢書13）田中義廣訳（岩波書店、一九九七年）二五六―二五七頁。

（2）同前。

（3）ナオミ・ローゼンブラム『写真の歴史』日本語版監修・飯沢耕太郎、大日方欣一ほか訳（美術出版社、一九九八年）一九三―一九四頁。飯沢耕太郎監修『世界写真史』（美術出版社、二〇〇四年）一五八頁（本頁は、森山朋絵執筆の第7章「写真技術史」によります）。

（4）シュルツは、陽のあたる窓枠に置いていたガラス瓶に入れた硝酸が、変色していることに気付きます。その硝酸は、既に使用済みのもので、硝酸銀が含まれていました。シュルツは、実験によって変色の原因を見つけようとしました。この反応が、太陽の光によって生じたものなのか、熱によって生じたものなのかは、はっきりしていませんでした。一七一七年、シュルツは、硝酸銀を窯で加熱しても黒く変色はしないことを突き止めます。熱は変色の原因ではないことが分かったのです。そこで、硝酸銀の入ったガラス瓶の一部を不透明な素材で覆って日光に晒して、しばらくすると、覆われていないところだけが変色していました。覆われていた部分には変化は起こっていませんでした。シュルツは、こうした実験によって、塩化銀の感光性を明らかにしたのです。一七一九年、シュルツはこの研究結果を学術誌上に公表した。この論文は、一七二七年に同じ題目でドイツ国立学術アカデミー・レオポルディーナの機関誌にも転載されました。一九一三年にシュルツの発見の重要性を指摘したヨゼフ・マリア・エーダー（Josef Maria Eder）は、転載の方しか知りませんでした。下記オンライン版事典ではシュルツの塩化銀の感光性の発見年度を「一七一九年」としています。本書では、「写真の歴史」のローゼンブラムが指摘する「一七二五年」を採用しました。

ハンス・ディーター・ツィンマーマン「ヨハン・ハインリッヒ・シュルツェ」『新ドイツ人伝記23』（オンライン版、二〇〇七年）七二五―七二六頁。[http://www.deutsche-biographie.de/ppn123165350.html]（二〇二

二年二月二二日)。Hans-Dieter Zimmermann “Schulze, Johann Heinrich” in: *Neue Deutsche Biographie* 23 (2007), S. 725-726 [Onlinefassung].

(5) ローゼンブラム、前掲書、一九三—一九四頁。原文では、「紫線」とありますが、紫外線と修正しています。また、塩化銀の感光性については、シェーレ以前に、一八世紀半ばにイタリアでジャコモ・バティスタ・ベッカリアが同じ現象を発見していたとされていますが、現時点で論拠を確認できず、シェーレのみ記載しています。

(6) 同前。C・W・ツェーラム『映画の考古学』月尾嘉男訳(フィルムアート社、一九七七年)九四—九五頁。飯沢監修、前掲書、一五八頁。ジョルジュ・サドゥール『世界映画全史』第一巻、村山匡一郎・出口丈人訳(国書刊行会、一九九二年)五二頁。

(7) 飯沢監修、前掲書、一一頁(本頁は、大日方欣一執筆の第1章「写真の誕生」によります)。

(8) サドゥール、前掲書、五二—五三頁。

(9) ローゼンブラム、前掲書、一九四頁。今村庸一『映像情報論』(丸善株式会社、二〇〇三年)二頁。

(10) ローゼンブラム、前掲書、一九四頁。

(11) 同前。

(12) 同前。飯沢監修、前掲書、一三頁(大日方欣一執筆)。

(13) ローゼンブラム、前掲書、一九四頁。打林俊『写真の物語——イメージ・メイキングの400年史』(森話社、二〇一九年)六九—七九頁。

(14) 飯沢監修、前掲書、一三頁(大日方欣一執筆)。ツェーラム、前掲書、七三—七八頁、九四—九五頁。平木、前掲書、一四—一五頁。サドゥール、前掲書、五四—五六頁。

(15) 同前。

(16) 同前。
(17) ツェーラム、前掲書、七二―八一頁。平木、前掲書、一四―一五頁。ローゼンブラム、前掲書、一七頁。
(18) ローゼンブラム、前掲書、一九四頁。
(19) 飯沢監修、前掲書、一五頁(大日方欣一執筆)。
(20) 加藤哲弘編『芸術理論古典文献アンソロジー 西洋編』(京都造形芸術大学東北芸術工科大学出版局藝術学舎、二〇一四年)二六一―二六九頁(青山勝訳)。現在、この印刷物はニューヨーク州ロチェスターのジョージ・イーストマン・ハウスに所蔵されています。
(21) 同前。
(22) ローゼンブラム、前掲書、一六―一八頁。ツェーラム、前掲書、九五―九六頁。
(23) 同前。
(24) サドゥール、前掲書、五五頁。
(25) 同前。
(26) ローゼンブラム、前掲書、二四―三七、一九四頁。平木収『映像文化論』(武蔵野美術大学出版局、二〇〇二年)一七―二〇頁。飯沢監修、前掲書、一六〇―一六三頁(森山朋絵執筆)。
(27) 同前。
(28) 同前。
(29) 同前。
(30) 同前。
(31) 「フォトグラフィ」という語を最初に使ったのは、ブラジルのエルキュール・フロランスとドイツの天文学者ヨハン・H・フォン・メドラーだったという有力説もあります。ローゼンブラム、前掲書、二七頁。

(32) ローゼンブラム、前掲書、二四―三七、一九四頁。平木収『映像文化論』(武蔵野美術大学出版局、二〇〇二年)一七―二〇頁。飯沢監修、前掲書、一六〇―一六三頁(森山朋絵執筆)。
(33) ローゼンブラム、前掲書、一九四―一九五頁。
(34) ローゼンブラム、前掲書、三一―三二頁。
(35) 同前。
(36) ツェーラム、前掲書、九九―一〇〇頁。平木、前掲書、二〇頁。
(37) 島原学『日本写真史(上)』(中央公論新社、二〇一三年)八―一四頁。岩下哲典・塚越俊志『レンズが撮らえた幕末の日本』(山川出版社、二〇一一年)一八―二三頁。
(38) 同前。
(39) 同前。
(40) 島原、前掲書、八―一〇頁。
(41) ツェーラム、前掲書、一〇〇―一〇一頁。平木、前掲書、二〇頁。飯沢監修、前掲書、四六頁。

3章　アニメーション――動画の歴史

人びとは、正確に写すこと、すなわち自然の真を写すことができるようになるために、人類が幾千年かを必要としたと実際信じていたし、また芸術的生産はこの技能を増加しまたは減少させる方向にだけ、その時代時代の形成法を保ちつづけていると信じていた。〔中略〕人は意思したことはすべて技能化できた。そして意思の方向の中に存在しないことだけが技能化できないことなのであった。

ウィルヘルム・ヴォリンガー

『ゴシック美術形式論』（文藝春秋、二〇一六年）

1　アニメーションの起源と原理

人間の感覚は、外部からの刺激が終わっても直ちに消え去るものではありません。指を強く噛みその歯を指から離しても、直ちに痛みが消えることはありません。超高速機関銃の射撃音は、「バン」「バン」「バン」という単音ではなく、「ダダダダダ」と連続音として聞こえてきます。人間の感覚は残留感覚と繋がりを持っているからです。

残像（現象、あるいは残像効果）とは、強い光刺激を見たあとでは、その光刺激がなくなっても、刺激された網膜部分に効果が残っていて色の像が見えることをいいます。[1]

この残像に関する研究は、既に二〇〇〇年前の古代ローマのルクレティウス（紀元前九九年頃〜紀元前五五年）により、はじめられていました。映画考古学者ツェーラムは「〝動く絵〟についてルクレティウスは、直接関係ない。[2]」と述べますが、映画史研究家サドゥールは「古代ローマのルクレティウスの一節が示しているように、古代の人々は網膜上の残像現象に関する研究をすでに始めていたわけである。[3]」と述べています。

二人の研究家は相反することを述べていますが、これは具体的に何を指しているのでしょうか。ルクレティウスは『物の本質について』で、以下のように記しています。

我々が精神によって見るということと、眼を以て見るということとは、彼此相似ている以上、この両者は同じ工夫に起ることに違いない。〔中略〕実は、先の映像が消滅して、次の映像が続いて別の位置に生ずるので、先の映像がここで姿勢を変えたように見えるにすぎないのである。勿論、これは急速に行われると考えなければならない。その速力は極めて速く、映像の量は極めて多く、感覚し得る一瞬時における映像の微小部分の量は極めて大きい為に、次に続くものを補うことが可能となるのである。[4]

図1　アイザック・ニュートン

このルクレティウスの一節を、ラテン語・ギリシャ語の翻訳家であるウィリアム・ヘンリー・デナム・ラウス（一八六三〜一九五〇）は、映画の理論を考えれば理解しやすいと説明し、『実無限数の不可能性　信仰と科学の関係』（一八八四）の著者フランソワ・ナポレオン・マリー・モワニョ神父（一八〇四〜一八八四）は、固定した像から運動を再構成する原理を含んでいると解説しました[5]。

ルクレティウスの研究が映画の理論につながることに反対意見があったとしても、「先の映像が消滅して、次の映像が続いて〔……〕急速に行われ〔……〕次に続くものを補う」という指摘は、動画映像と網膜の残像について語っているといえるのではないでしょうか。

しかし、古代の人々はこれらの事柄について、ただ漠然とした断片的な観念だけを抱いていただけのようです。一七世紀末にアイザック・ニュートン（一六四二〜一七二七【図1】）が、網膜上の残像研究を科学的な基礎に立って再び取り上げるまでは忘れ去られていた現象でした。

ニュートンは、古典力学や近代物理学の祖ですが、力学や数学と同じように、いえそれ以上に光学の研究に前人未到の分野をきりひらいていました。ニュートンの光学は、プリズムによって生じた「色」「天然物の色」「透明薄膜の色」「虹」などの気象学的現象の色を取り扱う「色の科学」です。

これらの色の研究は、古代ギリシャから一七世紀に至るまでの長い光学研究の伝統のなかにも、もちろんありました。しかしニュートンは色についても近代科学的解釈を行いました。一六六六年、太陽の白色光の複合性（太陽の光には色の光が含まれている）を発見します。これは、数学や天体力学と違って、先人や同時代人には類似の業績がなく、ニュートンだけが指摘していることです。つまり、当時における最も独創的な研究なのです。[6]

ニュートンは著書『光学』の本文では、数学的、実験的に確立された事実のみを記述し、仮説的なもの、思弁的なものは建前として排除しています。しかし、思弁の段階にとどまってはいるものの、将来の研究者への示唆として書き留めておかずにはいられなかったものを「疑問」という形式で残しました。

石炭の火をすばやく動かして円周を描かせると、全円周は火の円に見える。これは光の斜線によって眼底にひきおこされる運動に持続性があり、石炭の火が一周して元の位置に戻るまで持続するからではないか。光によって眼底にひきおこされる運動の持続性を考えると、その運動は振動する（残像として余韻を持つ）性質のものではないか。[7]

ニュートンは、光と網膜の残像について以上のように記しています。これらは疑問形で書かれてはいるものの、ニュートンの「肯定的な確信」と見てよいものです。他の人々によって研究が進められるように、疑問という形で提起したのです。[8]

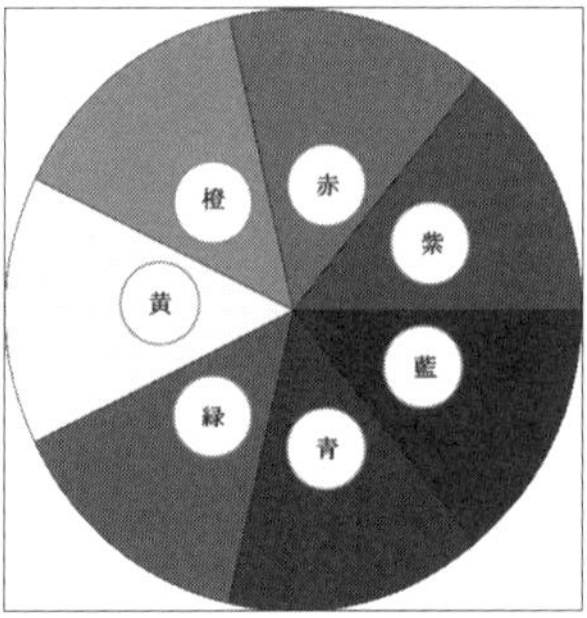

図2　ニュートンの円盤

図3　ピーター・マーク・ロジェ

図2はニュートンが考案した円盤（Newton disc）です。中心で七色に塗り分けられた円盤を高速で回転させると、円盤は白色に見えます。これによってニュートンは白色光が虹で見られる七色の組み合わせから成ることを実証しました。光は無色などではなく、混ざり合うことで白色に薄れていき、それが人間には無色に見えることを証明したのです[9]。

一九世紀になると、ニュートンが疑問という形で提起した問題に、明確な返答を与える人物が現れました。ピーター・マーク・ロジェ（一七七九〜一八六九【図3】）です。

ロジェは、現在でも英米文化圏で非常にポピュラーなシソーラス『ロジェ類語辞典』（*Roget's Thesaurus of English Words and Phrases*, 一八五二年初版）の編者です。しかし本来の専門分野は生理学であり、ロンドン大学で研究をしていた医師である彼は、一八二四年一二月九日、「垂直の隙間から見たときの車輪の幅における視覚的錯誤」(Explanation of an optical deception in the appearance of the spokes of a wheel when seen through vertical apertures) という表題で、英国学士院会報に論文を発表しました。動く対象とその視覚的残像の関連について述べられた最初の論文です[10]。

——網膜の残像効果の発見です(現在、動画映像の知覚は、網膜の残像効果ではなく、仮現運動のためだとされています[11])。

ロジェの研究は、ある偶然がきっかけとなっていました。彼はある日、黒っぽい柵を通して、光を浴びながら通過する馬車の車輪を眺めていました。すると柵の間に、静止した車輪が現れるのを見て驚いたといいます【図4】。ロジェはこの体験を研究室で再現しました。等間隔に隙間を開けた移動可能な帯状の黒い紙を柵に見立て、また固定軸の周りを回転するボール紙の円盤をもって車輪としたのです。この円盤は馬車の車輪に似せるため、車輪の幅に倣って一片のパイの形に隙間が開けられています[12]【図5】。

この単純な実験装置は、とても粗いイメージですが、映画の基本的な諸要素に驚くほど似ています。帯状の黒い紙をフィルムに代えて、観察者の眼をレンズに置き換え、隙間の開いた円盤をそのまま置けば、撮影もしくは動きのある映写に関する主要素が手に入るのです。一つないし複数の隙間が開けられた馬車の車輪の大まかな模倣である窓付円盤が、映画(動画映像)の発明につながる基本的な装

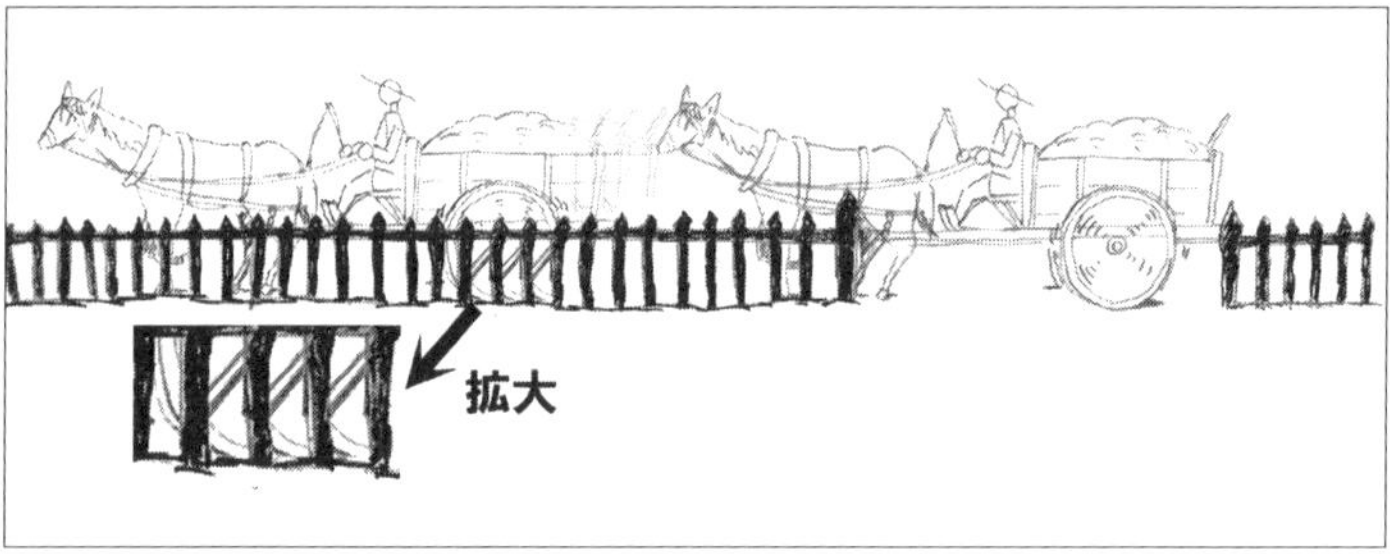

図4　黒い柵の間を走る馬車

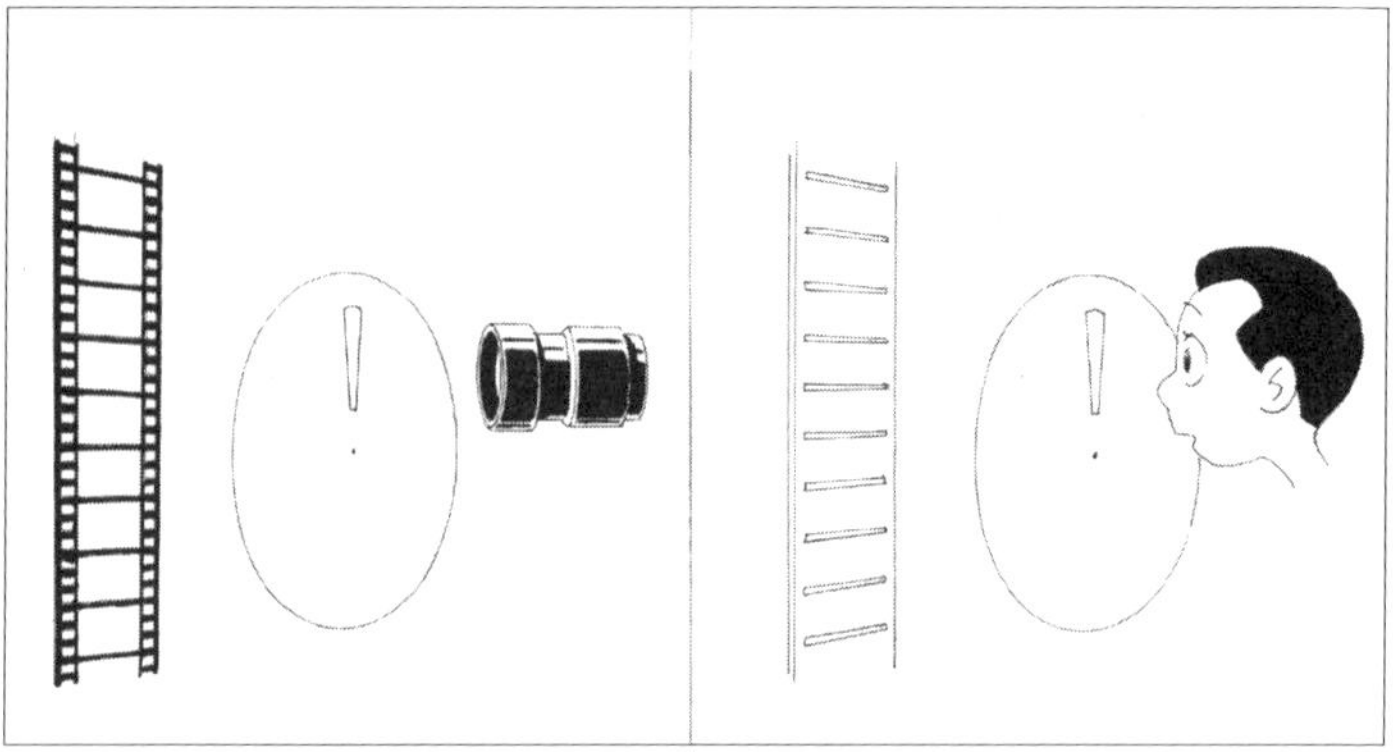

図5　ロジェによる実験装置（左が映画の図式　右がロジェの実験の図式）

置となったのです[13]。

ロジェの網膜の視覚的残像効果を証明して見せたのが、イギリス人医師ジョン・アイルトン・パリス（一七八五～一八五六）です。彼は翌一八二五年に、光学玩具の元祖であるソーマトロープThaumatrope【図6】を発明しました[14]。

一八三九年に写真が発明（ダゲレオタイプの写真術が公表）される一四年前のことでした。

ソーマトロープとは、表裏両面に絵を描いた円盤の左右に紐をつけ、ねじって回転させる玩具です。ねじられた反動で回転する表裏両面の像が溶け合い、二枚の絵が一枚の絵として重なって見える（認識される）ものです。運動の〝印象〟は、記憶のなかで、ひとつのイメージが消え、その次のイメージが加わるために生まれます。

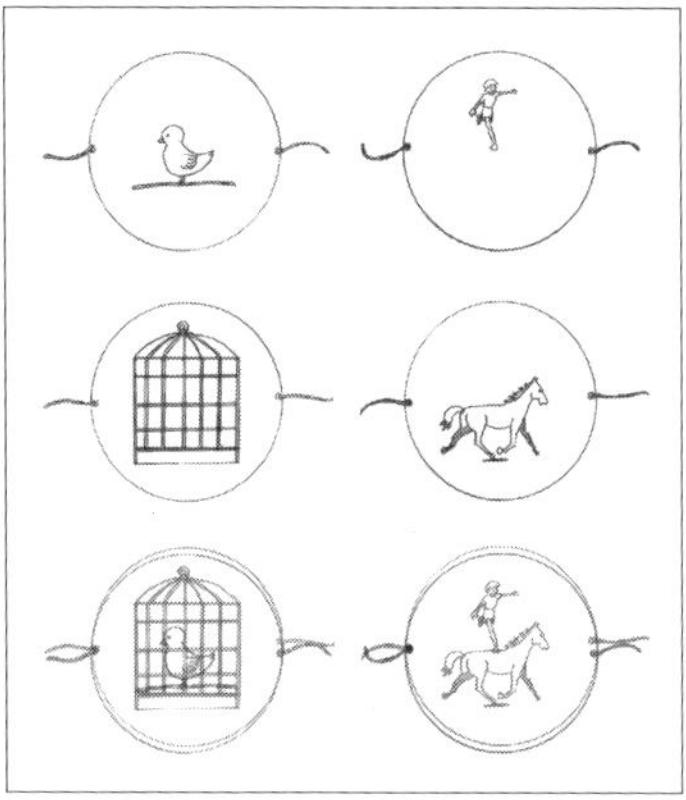
図6　ソーマトロープ

図6のように、ソーマトロープが回転することによって、単体の鳥は、裏面の鳥かごと映像が溶け合い重なり、鳥かごの中に入り、少年は裏面と溶け合い重なって、馬に乗ります（実際には裏面は倒立像になります）。ソーマトロープは、網膜の残像効果を証明し、原始的ですが、アニメーションや映画などの動画映像につながる極めて重要な発明だったのです。

しかし、これまでみてきた幻燈機やこのソーマトロープは、映像の文化史上の意味において、時系列上その歴史のなかに組み込まれているものであり、科学技術史的に正しく動画映像への歴史のなかに位置づけられるものではありません。幻燈機（ファンタスマゴリア等）の映像は、幻燈機そのものを動かしたり、スライドなどを使ったりして「位置の変化」で動きを表現したものですし、ソーマトロープは動きを表現するのではなく、「幻視」（オーバーラップ）によって、二つの絵が一つに重なり見えるというものだからです。

図7　ジョセフ・プラトー

アニメーションや映画など、本当の意味での動く映像——動画映像——につながる歴史は、ジョゼフ・アントワーヌ・フェルディナン・プラトー（一八〇一〜一八八三【図7】）の研究にはじまるのです。ツェーラムは以下のように記しています。

プラトー（一八〇一〜八三年）は〝映像の持続〟に関する最初の研究を一八二九年に出版し、一八三六年には〝ストロボ効果〟の法則を確立した。簡単に言えば彼は、以下のことを発見したのである——もし、一秒間に起こった一つの動きを表す一六枚の絵が、一秒のあいだに次々と示されれば、視覚の残像効果によって、それらは一体と感じられ、もとの動きと同様のものと知覚する。(15)

長い間無声映画において採用されていた、一秒間に一六コマ（枚）の映写映像のコマ数の根拠は、すでにこの時点でプラトーにより発見されていました。

動画映像の原理を確立したプラトーは一八二九年の夏、ベルギーのリエージュで、光の新たな秘密を引き出すために、眼がくらむような真昼の太陽を二五秒間じっと見つめて盲目状態に陥りました。彼は何日間か暗い部屋で過ごさなければならなかったのですが、その間ずっと、網膜上に強く焼き付いて見える太陽の映像に苦しめられます。プラトーは、無謀ともいえる熱意をこめて、光学、特に人間の眼の残像現象に関する研究を始めたのです。プラトーは、この研究のために、自分の眼を犠牲にし、一八四二年、ついに失明します。しかし、その一〇年前、彼は動画映像を作る決定的な発明をします。(16) サドゥールは以下のように記しています。

彼は幸いにも〈失明する前に〉、本当にプロメテウス的な秘密、つまり複雑な自然界に生きている人間を再創造できる表現形式を発見していた。というのも、プラトーは一八三二年に〈フェナキスティスコープ〉を製作していたからだ。それは小さな実験装置で、また玩具のようなものにすぎなかったが、しかし**映画はそこから生まれでた**のであり、プラトーがその原理をすでに定めていたのである。(17)

フェナキスティスコープ Phenakistiscope とは、円形の紙を軸で止め、その縁に連続した（動きのある）絵を描いたものです。一つの絵に注目して円を回転させると、絵が動いて見えます[18]【図8】。

――これは明瞭な動く映像を人類に与えた歴史上最初の装置です。

プラトー自身は一八三三年の『物理学化学年報』に掲載された論文「フェナキスティスコープという名で最近呼ばれている小さな玩具の基礎となっている視覚的錯覚について」の中で、次のように語っています。

装置は、基本的には一枚のボール紙の円板から成っている。円板には一定数の小さな隙間がその円周に向かって開けられ、その一方の面には挿絵が描かれている。鏡に向かい合って円板をその中心を軸として回転させ、その隙間ごしに片目で眺めると、鏡に映って見える挿絵は、もし回転する円板をじかに眺めたならば起こるように混ざり合ってしまわずに、円板とともに回転することを止めて動き出し、挿絵が固有の運動をするようになる。（中略）こうした錯覚が依拠している原理というのは、極めて単純なものである。形と位置が少しずつ異なる多くの物体が、極めて短時間でかつ十分に接近した感覚をおいて眼前に連続して現れるならば、それらが網膜上に生み出す印象は、混ざり合わずに物体間で結ばれるようになり、私たちは形と位置とが少しずつ変化し

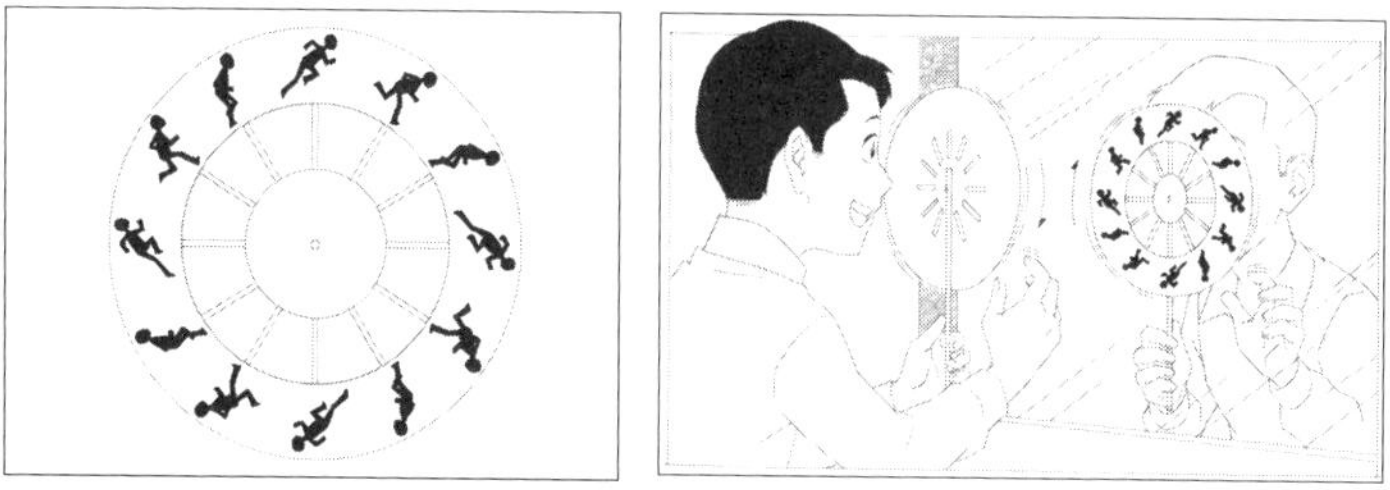

図8　フェナキスティスコープの円盤（左）とその使用方法（右）

ていく一つの物体を見ているように思うようになる。[19]

この論文の日付は八月となっていますが、プラトーは一八三三年一月二〇日、師でもあり友人であるブリュッセル天文台の所長ランベール・アドルフ・ジャック・ケトレ（一七九六～一八七四）に宛てた書簡で自分の発見を公表していました。さらに、発明自体は前年後半の数ヶ月前にまで遡ります。プラトーは、一八三二年の一一月に自分の装置をロンドンの同輩マイケル・ファラデー（一七九一～一八六七）に送っていましたし、数人の友人の前でこの発明を動かしていたからです。[20]

ほとんど同時期に、ウィーン工科学校の幾何学教授ジーモン・リッター・フォン・シュタンプファー（一七九二～一八六四）がフェナキスティスコープとほぼ同類の装置を考案し、ストロボスコープ Stroboscope と名づけています。[21]

ベルギーの科学者とオーストリアの科学者の二人は、全く無関係に、似たような結果に到達しました。このような偶然の一致は、発明の歴史のなかにはよくあることなのかもしれません。写真術の発明をしたダゲールとタルボット、あるいは写真術発明の歴史の中に葬られたイッポリ

図9　バヤール「溺死した男」

ート・バヤール（一八〇一〜一八七九）がそうだからです。
バヤールはフランス大蔵省の官吏でした。一八三八年から彼は暗室で「光による素描」Dessin photogene を紙プリントとして作ることを研究し始め、一八三九年二月にはかなり改良されたものをパリの多数の友人に見せていて、五月二〇日にはアラゴーにも会っていました。しかし、アラゴーはその頃すでにダゲールと運命を共にするつもりで、八月一九日に科学アカデミーで発表する「ダゲールに関する報告」の草稿を準備中だったのです。アラゴーはバヤールの出現をいささか迷惑なものと感じ、その発明を黙殺したといわれています。[22] バヤールは全ての栄光を失くしたと知ったとき、自分自身の半裸を溺死体に擬して写真を撮り、フランス学士院に送りつけました【図9】。これが世界初のセルフポートレイト（肖像写真）になりました。

これは結局のところ、人間認識のある時点に、新たな発明の創造に必要とされる技術的、社会的、科学的な諸要素が散在している、ということを意味している。新たな発見が生まれるためには、これらの散在する要素を集め、それを知る必要があり、それがなされた時、発明は〈機運が高まっている〉といわれる。そしてこの結集させるという発想は、先進国において、まったくさまざ

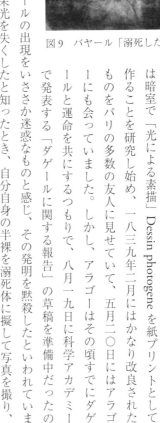

図10　ゾートロープとその種帯

まな、多くの場合互いに全然見知らぬ人々に同時に浮かび得るものなのである[23]。

一八三三年、シュタンプファーは自分の研究を発表しました。彼は一八三二年一二月に実験を始め、翌年二月に最初の円板を完成させます。それはわずかな差ですが、彼がプラトーより先立っていたという特権を持つとは思えません。何よりも、**プラトーの運動の分解と再構成の原理・解説は明瞭明快**であり、彼がプラトーと同じような明晰さでその原理を述べたとは思えないからです[24]。

一八三四年、イギリスの数学者ウィリアム・ジョージ・ホーナー（一七八六〜一八三七）が、プラトーの装置を改良したゾートロープZoetrope【図10】を製作します。

ゾートロープは、フェナキスティスコープの窓付き円盤が、木製または金属の円筒に替わったものです。円筒は、その上部が開いていて、その壁面には垂直に隙間が開けられ、中心軸に対して水平に回転します。挿絵円盤は長い帯状になり、それが円盤の内側に環状に巻きつけられています。円盤では二四個より多くの挿絵を描くことがほとんど不可能でしたが、この帯には五〇個ないしそれ以上の挿絵をそなえることができました。サドゥールは以下のように語ります[25]。

ゾートロープの挿絵の帯が何よりも注目すべき要素であるのは、その細長く柔軟な厚紙の断片がフィルムを予感させるためである。この帯を無限に伸ばす考えが、確実にエミール・レイノーを、またおそらくエティエンヌ＝ジュール・マレイとトーマス・アルヴァ・エジソンの二人を、現代的なフィルムの概念に向かわせたものだった[26]。

「アニメーション」「映画の原理」は、映画が成り立つ以前に、プラトーによりその根本法則が打ち立てられ、そこから続く科学者・発明家に引き継がれていったのです。彼は動く映像の分解と再構成の原理――アニメーションの原理――をフェナキスティスコープにより打ち立てたました。――動画映像の真の意味での歴史がここから始まったのです。

2 アニメーションの創始者

ゾートロープの改良はアニメーションの父とも呼べるシャルル・エミール・レイノー（一八四四〜一九一七【図11】）によってなされました。

レイノーは一八四四年一二月四日にパリ近郊のモントルイユで、メダル彫版師の父と元教師の母の息子として生まれました。「花の画家」として名高いピエール＝ジョゼフ・ルドゥーテ（一七五九〜一八四〇）から絵画の指導を受けた母にデッサンを学び、一三歳のとき、精密機械会社へ見習いに出されます[27]。

その後、フランスに写真修正技術を伝えた彫刻・写真家アダム・サロモン（一八一八〜一八八一）のところで研修を積み、小さなアトリエを開きます。仕事は繁盛しませんでしたが、これが縁で、彼はモワニョ神父と知り合います。モワニョ神父は、科学の普及に熱心で、映写を使用した講演のフランスにおける主唱者でした。レイノーは彼の助手になるのです[28]。

モワニョ神父は、一八七〇年から翌年にかけての普仏戦争やそれに続くパリ・コミューン等の事件後に、荒廃したフランスの人々を、健全で有益な見世物を与えることによって善行に導こうとしました。彼は映写を伴った講演による組織網をフランス全土に作ろうとして、一八七二年の秋にサン＝トノーレ街の一室で〈挿絵入り科学劇場〉をはじめます。

図11　エミール・レイノー

レイノーは助手を勤めるためにパリに呼ばれますが、自身の事業が失敗して、継続することが経済的に不可能になります。レイノーは父親が亡くなった後、母親と共にフランス中東部の都市ル＝ピュイの裕福な従弟、レイノー医師のもとで暮らしていたのですが、再びそこに戻りました。

レイノーはル＝ピュイで、工芸学校を再開したばかりの役場から、映写による自然科学の公開講座を受け持ってほしいと依頼され、引き受けることにしました。講座は大好評で一八七三年から七七年まで続けられます。レイノーは講座の題材を得るため、また自分自身の教養のため、科学に関する大衆向け出版物を丹念に読みこみます。そして一八七六年四月、科学啓蒙雑誌『ラ・ナチュール』で、視覚的錯覚に関する論文とフェナキスティスコープなどの光学装置を製作する方法を目にしたのです。

運動を光学的に再現する分野で達成された最新の成果を知ったレイノーは、新しい機械の研究に取り掛かります。彼は修業時代から機械技師の才能があり、その手先の器用さを駆使して、ビスケット箱を使って動くデッサンのための装置を作りました。レイノーはこれをプラクシノスコープPraxinoscope と名づけます(29)。

プラクシノスコープはゾートロープの挿絵の帯と回転ドラムを利用していますが、ドラムのスリットがなくなり、代わりに装置の中央に鏡のプリズムが配置されました。ゾートロープより動きはスムーズになり、ちらつきも少なく、**ただ一枚の動く挿絵を見ることができる最初の装置**になったのです。

レイノーは一八七七年一二月にプラクシノスコープの特許を取り、翌年の万国博覧会に出展し、「選外佳作賞」を受賞し、『ラ・ナチュール』誌で賞賛されます。レイノーは小規模な製造業を始め、この映像装置をフランス、ベルギー、イギリス、ドイツなどで販売し、商業的な成功を収めます(30)。

その後、彼は細部を修正して、一八七九年にプラクシノスコープ劇場を作ります【図12】。これは小学生が使う学習机ほどの大きさのミニチュア劇場でした。外から見えないように作られたプラクシノ

図12　プラクシノスコープ劇場

スコープの登場人物たちは素通しのガラス窓に映し出され、浮き立ち、舞台中央で動き回るのです。(31)

「この素晴らしい玩具は、半世紀経た後も、ウォルト・ディズニーの作品と同じ魅惑と完全さを持った驚くべきアニメーションを見せてくれる。(32)」と、サドゥールは驚嘆します。

翌一八八〇年、レイノーは投影式プラクシノスコープを製作しました【図14】。

> その挿絵の帯は、ゴム引きされた布製のリボンで繋ぎ合わされ、環状に配列された一連のガラス板で構成されている。まだ非常に初歩的なものとはいえ、それこそ**フィルム**という柔軟で透明な帯の一つの始まりだった。〔中略〕マイブリッジが発表〔連続写真（後述）〕したイギリスでは幻燈機と映写玩具が最大の人気と完成度を誇っていただけに、そのことはレイノーの発明に一層大きな敬意を表すものになった。
> レイノーが動く映写による見世物の決定版を創造するまでに到った…(33)。

図 14　投影式プラクシノスコープ

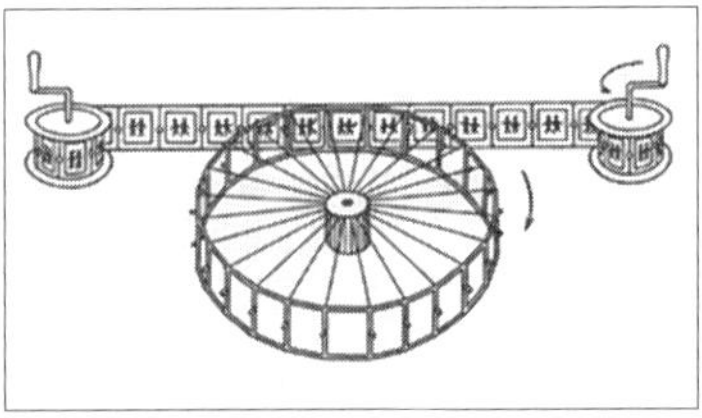

図 13　テアトル・オプティーク概略図
（サドゥール『世界映画前史』第 1 巻より）

図 15　『脱衣小屋の周りで』挿絵の帯（サドゥール、前掲書より）

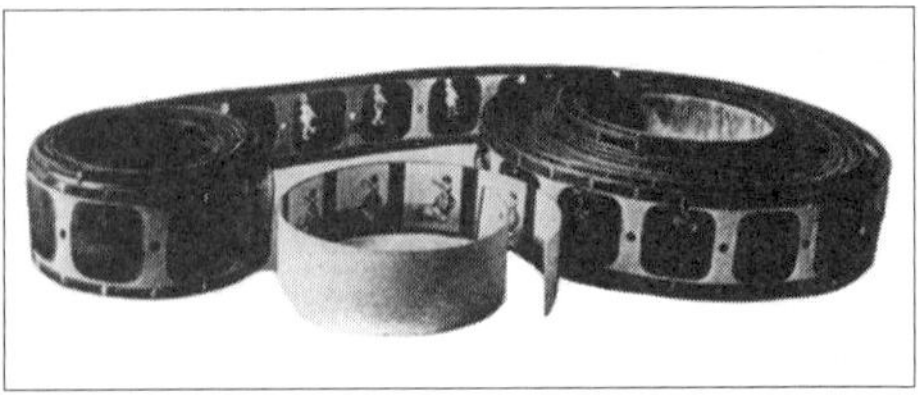

図 16　テアトル・オプティーク用の挿絵の帯　手前はプラクシノスコープ用（サドゥール、前掲書より）

図 17　レイノーのテアトル・オプティーク（1892 年）

このようにサドゥールは『世界映画全史』の中で、初めてフィルムという言葉を使い、映画の起源に関して貴重な証言します。つまり、「フィルムを使った動く映像を写す装置が、レイノーによって発明された」ということです。

レイノーはパーフォレーションのついた柔軟な帯（フィルム）を映写に利用した最初の人物であり、パーフォレーションを動く映像に応用したことではエジソンに先行していました。彼はエジソンより二年早く、この仕掛けを含む特許を取ります[34]。

「プラクシノスコープ劇場」では、動く人物たちは背景から独立していましたが、この新型装置「投影式プラクシノスコープ」では、背景はボール紙に描かれたものではなく、補助の幻燈機で映写されます。この仕掛けで、小さな鏡に映っていた人物たちは、スクリーン全体の中で、自由自在に移動することができたのです[35]。

一八八八年一〇月、レイノーは新しい装置を完成させ、幾人かの友人の前で最初の「動く挿絵の帯」（＝フィルム）を使用した『うまい一杯のビール』を上映しました。彼はこの装置をテアトル・オプティーク Théâtre Optique と名づけ、一八八八年一二月に特許を申請し、一八八九年一月一四日に取得します。テアトル・オプティークは一八八九年のパリ万国博覧会に展示され、そこでエジソンの注目を惹きます[36]。

一八九二年一〇月一一日、レイノーはバラエティ・ショーを上演していた有名な蠟人形館グレヴァン館と契約を結び、一〇月二八日に『光のパントマイム』と題された公演で、『哀れなピエロ』『一杯のビール』『道化師と犬』の三作品の第一回上映をおこないました。[37]

この三作品はそれぞれが五〇〇枚から七〇〇枚の彩色された動画を含み、上映時間は約一五分間でした。契約により、レイノー自身が映写技師を務め、ピアノの伴奏も付けられました。レイノーは年を追って機械を改良し、小さなレバーを叩くことでピエロに当たる棍棒などの音が出せるようになります。この光のパントマイムは途切れることなく観客に供給され、一九〇〇年まで続けられたのです。[38]

『映画の考古学』のツェーラムは以下のように記しています。

一八九二年から一九〇〇年のあいだに、グレヴァン博物館では、一二、八〇〇回の上映が行われ、五〇万人の人々が見物した。この興行は、のちに数多くの映画館ですばらしい映画が上映されるようになってからも続いていた。[39]

世界最初の動画映像の上映と定期的興行は、エミール・レイノーにより行われました。実に、五〇万人以上の観客がこの映像エンターテインメントを楽しんだのです。しかし三年後（一八九五年）、このグレヴァン館からわずか数百メートル離れた場所で、リュミエール兄弟が歴史的上映（シネマトグラフを公開）をして以降、次第に客足は途絶えるようになります。一九一〇年のある夕方、憂鬱にとらわれて、レイノーは大部分のフィルムと装置をセーヌ河に投げ込みます。そして一九一八年、彼は失意のなか、イヴリーの療養所で亡くなりました。[40]

3　映画前史（動く写真からキネトスコープへ）

写真が生まれた当初から、動きを表現しようとする試みは多くの研究者により行われていました。動いている姿を、実際には一コマ一コマポーズをとらせて長い露出時間（五秒から一五秒）をかけて写す方法も試みられました。ヘンリー・レンノ・ヘイルはそのような方法によって、ダンスの場面を幾枚かのコロジオン湿板に写したものを陽画スライドにして、映写しました[41]【図18】。

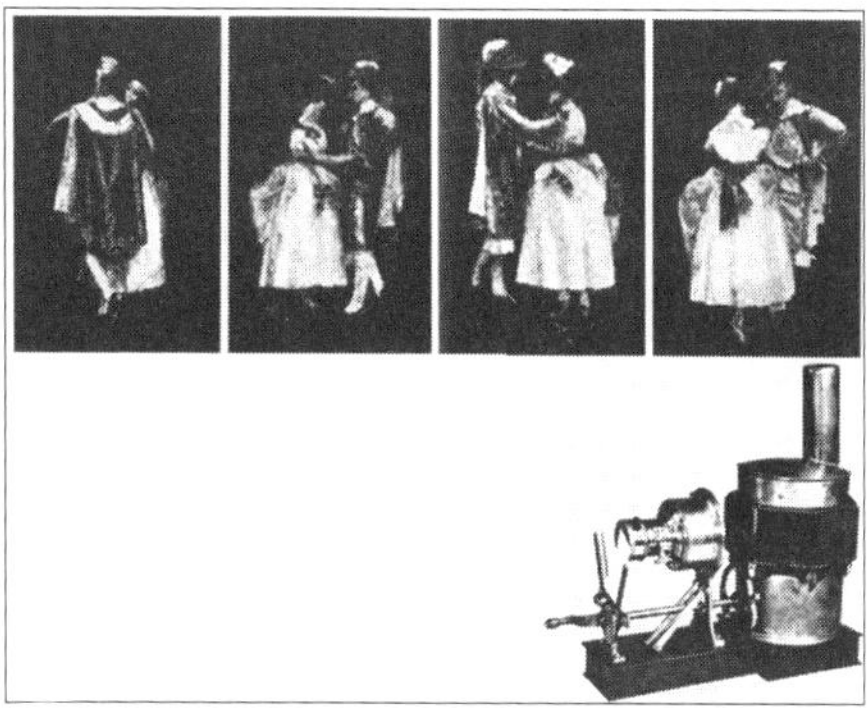

図18　上：ヘンリー・ヘイルが撮影した18枚のポーズの写真の中の4枚　下：ジョン・アーサー・ローバック・ラッジが発明した投影機（1875年、ツェーラム『映画の考古学』より）

プラトー自身も手描きの「少しずつ、動くように変化させた絵」を、写真に置き換えるアイディアを思いついていました。しかし、写真による動く映像に到達するためには、まず一つの動きを瞬間写真で連続的に撮影することが必要でした。

初めての「連続写真」は、イギリス人写真家エドワード・マイブリッジ（一八三〇～一九〇四）によってなされました。きっかけは「賭けのための証明実験」

です。

一八七二年、政治家であり実業家でもある、元カリフォルニアの州知事のリーランド・スタンフォード（一八二四〜一八九三）は、その当時、議論が白熱していた「馬の空中移動」理論の証明を、マイブリッジに依頼したのです[42]。

スタンフォードは一八七〇年以降、商業、鉄道、土地の投機などカリフォルニアの繁栄によって金持ちになった人々が集う社交界の中心人物でした。

その時代、競馬は現代のどんなスポーツよりも重要な位置を占めていました。西部の富豪たちは、厩舎を持ち、競争させ、財産を賭けるだけでは満足せず、馬に関連した文学作品を読み、それらについて熱心に議論したのです。輸送手段としての実用的な馬の価値を消してしまった富裕層の人々が、逆に、馬を最も贅沢な玩具に作り上げたのでした。

それら競走馬を持つ金持ちたちにとって、馬の歩行に関する四肢の正確な位置を知ることは最大の関心事だったのです。この問題はその当時、すでに一世紀以上にわたって熱心に議論されていましたが、解決には至っていませんでした[43]。

スタンフォードは友人らと賭けを行いました。論点は科学的な問題でもあり、昔から画家の間で問題にもなっていた、「ギャロップする馬の四肢が同時に地上から離れるか否か」です。スタンフォード自身は、馬の四肢は宙に浮くと信じていたようです。

この重大な賭けを判定するためには異論のない「完全な証拠」が必要でした。

図 19　左：ジョージ・スタッブス『アンダーソンと二頭の馬』　右：テオドール・ジェリコー『エプソムの競馬』

図 20　マイブリッジの撮影装置　（左：マイブリッジの写真機の放列とシャッター替わりの紐　右：パロ・アルトの実験農場、サドゥール、前掲書より）

図 21　マイブリッジによるギャロップの連続写真

スタンフォードから依頼されたマイブリッジは、スタンフォードが所有するパロ・アルト農場で仕事に取り掛かります。途中、マイブリッジが殺人事件[44]を起こし、作業が一時中断されたものの、四年後の一八七八年、彼は競馬場のコースに沿って、二四台のカメラを一列に設置しました。コースを横切って二四本の糸が張られ、ギャロップする馬がその糸を切っていくことによって、カメラのシャッターが作動するのです。写真の歴史で初めて全速力で疾走する一頭の動物についての一連の写真が撮影されたのでした[45]。

図19の絵に描かれた馬の走りと図21のマイブリッジが撮影した走りを見比べると、明らかに違うことがわかります。もちろんそれでスタッブスやジェリコーの名画の価値が落ちるということではありません。人間の思い込みによる馬の走り（ポーズ）を、科学装置を使い分解分析することに成功したのです。

このギャロップの各段階をとらえた写真を並べると一つの連続写真が出来上がりますが、彼は「写真家」であり、結果として「運動の分析家」にもなりましたが、これを使って「映画」にすることは考えていませんでした。つまり、マイブリッジは映画の発明にいたる画期的なことを成し遂げていたことに、気づいていなかったのです。

マイブリッジの連続写真の成功は国際的に有名になり、「動き」を多くの「断面」に分割した人物として、彼は当時の科学界から賞賛されます。彼の実験は、動物、人間、自然界の動きの分解に成功し、革命的な出来事となりました[46]【図22、23】。

ドイツの写真家オットマール・アンシュッツ（一八三〇～一九〇七）はマイブリッジの実験をその直後に聞きましたが、一八八四年まで自分では連続写真を撮影していません。しかし、彼はゾートロープを発展改良して電気式シュネルゼーアー【図24】を発明しました。これは回転するスライドがのぞき窓の正面に来たとき、放電管が瞬間的に発光するものです。一瞬にストロボを焚くことで、映像が流れず、動く絵を見ることができました。最初はひとりしか鑑賞できませんでしたが、アンシュッツは多くの人が同時に見られるように装置を改良して、一八九四年、ベルリンの郵便局で六×八メートルのスクリーン上に写真動画を投影する公開実験を行っています。(47)

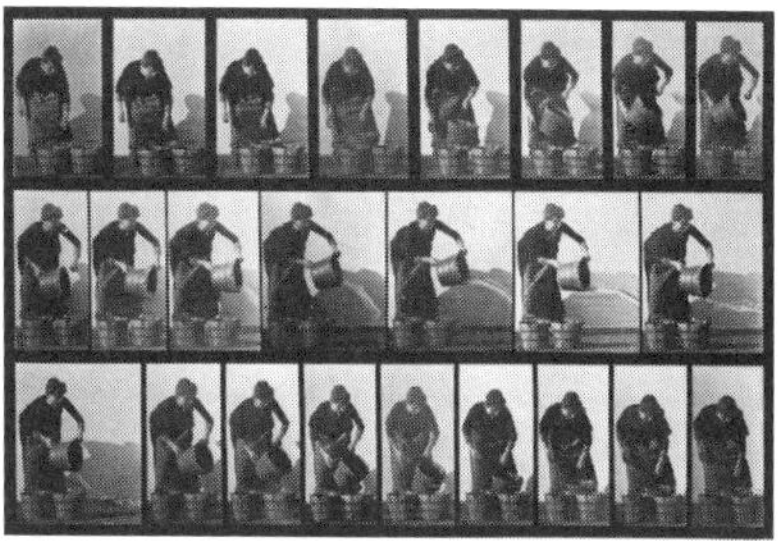
図22　マイブリッジ「水のバケツを空にする」

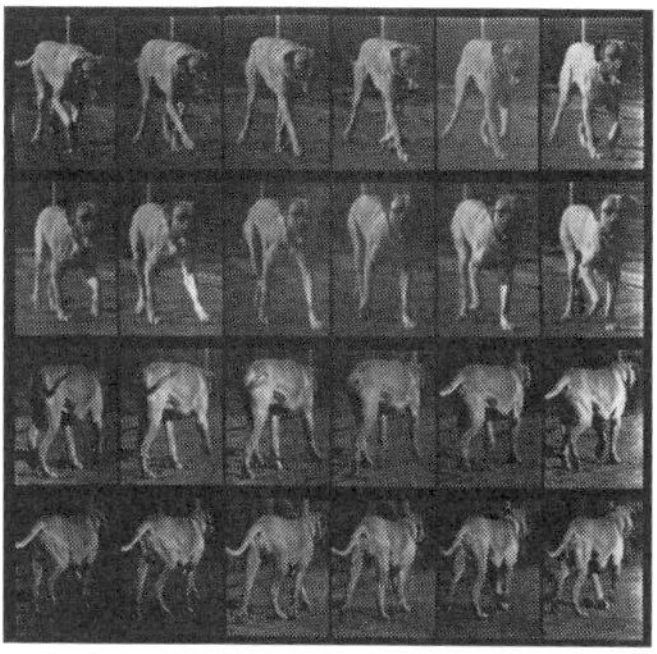
図23　マイブリッジ「犬の歩き」

図24　電気式シュネルゼーアー（『American Scientific』誌の挿絵）

図25　マレイのクロノフォトグラフィと写真銃

生理学者であったエティエンヌ・ジュール・マレイ（一八三〇～一九〇四）は動物や鳥類の動作を記録する方法を模索していました。そして彼はクロノフォトグラフィを発明します。図25の左上は、マレイが運動選手の動作を解析したクロノフォトグラフィです。これは一枚の乾板の上に何段階もの動きを重ねて撮影したもので、ストロボ撮影のように、映画のスローモーション効果を感じさせます[48]。

一八八二年、マレイは写真銃を発明し、論文「動き」（Motion）を発表しました。これが手持ちできる最初の映画撮影機となります。多数のカメラを使わなければならなかったマイブリッジやアンシュッツの方法の欠陥が、大幅に克服されたのです。この装置では、一枚の乾板に一二コマの撮影ができます。これによって、彼は飛翔中の鳥の動きを分析することができました。この時点で、彼はその投影も行いましたが、ぼんやり影が映っている程度でしかありませんでした。しかし一八八七年にガラスの乾板の代わりに紙のロール・フィルムでも実験を行い、その結果、一秒間に一〇〇枚の写真を撮ることに成功します[49]。

この頃になり、先行していた撮影技術に上映技術が追いつきはじめます。

セルとはセルロイドcelluloidの略で、ニトロセルロースと樟脳《しょうのう》（クスノキから採った芳香のある白い半透明の結晶）などから作られる合成樹脂の名称です。セルロイドが発明された当時、ビリヤードが大流行していましたが、その球は象牙製で非常に高価なものでした。そこで一八七〇年に、アメリカのジョン・ウェズリー・ハイアット（一八三七～一九二〇）が、象牙のビリヤードの玉の代用品として、セルロイドの実用化に成功しました。加熱（九〇℃程度）で軟化し、成型が簡単でした。歴史上最初の人工熱可塑性の樹脂です。そのセルをハンニバル・ウィリストン・グッドウィン（一八二二～一九〇〇）が、乾板に代わる写真フィルムとして製造技術を開発しました。現在のイーストマン・コダック社の前身になります[50]。

ジョージ・イーストマン（一八五四～一九三二）は写真フィルムとして開発されたセルロイド・フィルムをロール・フィルムへと推進させました。イーストマン自身が没頭していたのは写真のみで、フィルムが映画に関係することに関心を持ってはいませんでしたが、トーマス・アルヴァ・エジソン（一八四七～一九三一【図26】）の部下であり、協力者であったウィリアム・K・L・ディクスン（一八六〇～一九三五）がエジソンとイーストマンの橋渡しを行いました[51]。

当時、エジソンが「フィルム」を必要としていたのは「映画」とは全く関係なく、彼の「蓄音機」の改良を考えていたときでした。音楽や音声を記録する方法を知ったエジソンは、絵によってそれを補うことを考えていました。一八九四年に、エジソンは以下のように記しています。

一八八七年に、耳に対して蓄音機がなしたことを視覚に対してなす機械を組み立てることができるという考えが私に起った。この機械は音と運動という二つを組み合わせて、記録し同時に再生するのである。(52)

一八八六年の時点で、動く写真を撮り、それを上映することができた唯一のアメリカ人であるマイブリッジに、エジソンが面会を希望していたことが記録に残っており、このように考えたのは事実だと推測できます。エジソンの指示に基づいて、ディクスンは最初の試作機を組み立て、「光学蓄音機」と名づけました。(53)

しかし、それはその名の通り、見た目も映写機というよりは蓄音機に近いもので、最初は結果を出すことができませんでした。エジソンとディクスンは電気の専門家でした。動画映像の先行研究を全く知らず、よい映像を得るためには、撮影の一コマ一コマごとに停止することが不可欠であることさえ理解していなかったのです。

エジソンも初期の試験では、当時広く使われていた、紙をベースにしたフィルムを使っていました。エジソンはその頃、一つの原型から出発して無数に作られていたシリンダー式蓄音機を完成させることに没頭していましたが、セル・フィルムを採用する利点をすぐに理解します。これはエジソンの大きな功績の一つです。セル・フィルムだけが透明なネガをすぐに作ることが可能なのです。このネガを原型とすればポジ・フィルムを無制限に焼き付けることができます。一八八九年、エジソンはセルロイドをベースにしたフィルムを納入するよう製造業者に依頼します。しかしこの頃のフィルムはまだ厚みがあり、しなやかでもありませんでした。五月三〇日、エジソンの研究所はロチェスターの工場からコダック撮影機を買います。イーストマンが自社製撮影機用として、透明なセルロイドをベースにしたロール・フィルムを完成させたのは、まさにこの頃です。このロール・フィルムは一八八九年三月に特許申請され、一二月に特許が得られました[54]。

図26　エジソン（左：初期の蓄音機とそれを発明した頃　右：晩年）

イーストマンはこの年の五月にセルロイドをベースにした小さなフィルム製造工場を建てます。この作業場には、長さ二〇〇フィート（約六一メートル）、幅三フィート半（約一・七メートル）の当時最大規模のガラステーブルが設置され、それだけの大きさのセル・フィルムを作ることができました[55]。

エジソンとディクスンは、これでようやく長くしなやかなセル・フィルムを使用できるようになりました。エジソンはフィルムと歯車を噛みあわせるため、フィルムに鋸歯状《きょしじょう》の穴を打ち抜く事を考えていましたが、薄いセルロイド・フィルムは鋸歯状の穴を打ち抜くと簡単に破れてしまいました。エジソンは、次に、レイノーと同じようにパーフォレーションを考えます[56]。

しかし、レイノーがやっていた中央のパーフォレーションは、映像に穴をあけてしまうため、数を増やすことができません。ディクスンはパーフォレーションをフィルムの片側に移しました。しかしフィルムを巻き取るのに不都合があったので、一つの映像に四組の割合でフィルムの両側にパーフォレーションをつけました[57]。

このパーフォレーションについてサドゥールは次のように記しています。

> パーフォレーションという一見とるにたりないこの仕掛けは、動く写真の発明に限りない進歩をもたらし、その成果はほとんど無限であった。〈映画フィルム〉の父ともいうべき、このパーフォレーションのついた透明なフィルムの発明は、あくまでエジソンの業績に帰せられなければならない[58]。

セル・フィルムのパーフォレーションは、もとはといえばイギリスで仕事をしていたル＝プランス（次節説明）が既に試みていたものでしたが、このおかげで、その後——

(1)フィルムのズレが起こらない完全な撮影が可能になり、
(2)フィルムは間欠的に規則正しく送りこまれ、動きの優れた再生が得られ、
(3)ネガからポジへの焼き付けが容易になった、のです。

驚くべきことに、このエジソンが決めた送り穴の大きさと比率は、二一世紀の今日でも三五ミリフィルムの標準となっています[59]。

しかし、「映画」の装置の中心的な部分は、エジソンがヨーロッパ旅行中（一八八九年パリ万国博覧会）にディクスンを中心として彼の研究室で仕上げられました。そしてエジソンが旅行から帰ってきた日（一八八九年一〇月六日）、最初の映写が実験室で行われたのです。その後すぐに、エジソンの研究所では短い物語映像を作り始めます。これは終わりの部分が初めの部分につながるループ写真ではありません。現代の「映画」Movieです。一八九一年四月にエジソンは撮影機としてキネトグラフKinetograph、ビューアーとしてキネトスコープ Kinetoscope【図27】の特許申請をしました[60]。

当時、囚人護送車のことをブラック・マリアと呼びました。エジソンの撮影所は、それに外観が似

図27　キネトスコープ
（上：外観　下：内部）

図28　サンフランシスコのキネトスコープ・パーラ

図 29　エジソンの「ブラック・マリア」世界最初の映画撮影専用スタジオ

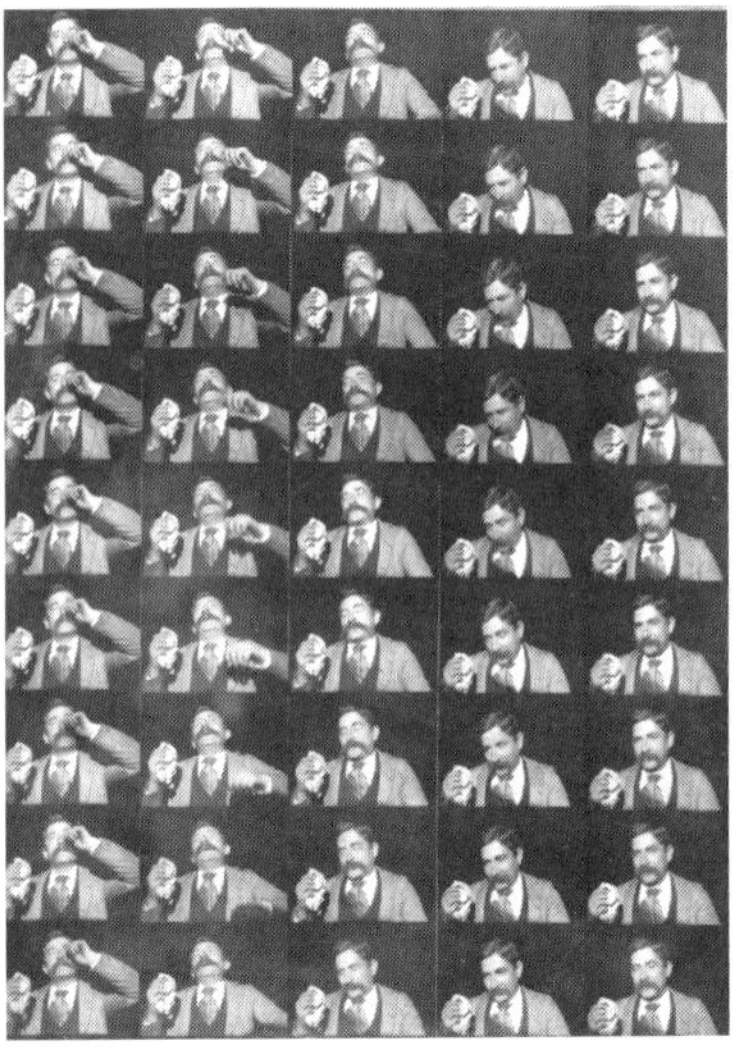

図 30　『フレッド・オットのくしゃみ』（1894 年）

ていることからこの名で呼ばれます【図29】。地面に楕円の線が見えますが、これはレールで、ブラック・マリアを回転できるように設計されています。撮影には、強い光源（太陽光）が必要で、上部の屋根を開けて、スタジオを回転させて、光を取り入れました。

エジソンは、助手のフレッド・オットがクシャミをする写真【図30】、全四五枚を紙に焼き直して、著作権申請をしました。申請は認められ、これが世界最古の著作権登録された動画になります。

4 映画前史（映画の発明者たち）

一八九五年の歴史的上映日以前の映画の発展に貢献した人々を全てリストアップすることは不可能です。その数はあまりに膨大で、不完全な装置や模倣・盗作等が数多くあり、それぞれの功績に順位をつけることが難しいからです。しかし、何十人もの先駆者がいたのは事実です。その中でも、リュミエールより数年も前にある種の映画上映を行い、しかもリュミエールに匹敵するほどに、観客に大きな影響を与えた人物が数名存在します(61)。

ルイ・エーメ・オーギュスタン・ル＝プランス（一八四二〜一八九〇）はドイツのライプツィヒで化学と物理学を学び、その後パノラマ館の支配人となり、パリ、ロンドン、リーズ（イングランド）、ニューヨーク、シカゴを渡り歩き、一八八六年から八八年の間に、一六本のレンズを備えた撮影機兼映写機を発明しました。一八八六年一一月二日に最初の特許をアメリカに出願し、一八八八年一月一〇日付の特許申請書には、映画の撮影と映写とを別々の装置ですることが記述されています。一八八九年一〇月には、リーズでレンズが一本のカメラの試験を行い、この時すでにセル・フィルムで撮影していました(62)。

一八八八年から八九年の冬にかけて、パーフォレーションのついたフィルムとマルタ十字歯車(63)を用いた装置を作り始めています。図31右上の「ラウンドヘイの庭の場面」には、生前のル＝プランスの義母が撮影されており、それにより撮影日が特定されました[64]。

一八九〇年の初めに彼はパリで映写を目的とした映画を撮影し（リュミエールよりも五年も早く）、それを数名のオペラ座の役人に見せています。この年の秋、ル＝プランスはフランス東部のディジョンにいる弟を訪ね、九月一六日パリに戻る列車に乗り、その瞬間から消息を断ちます[65]。

ツェーラムは以下のように記しています。

もしル＝プランスがさらに仕事を続けていたならば五年もたたないうちに装置を完成し、映画の発明競争において対抗者のいない完全な勝者になったことは疑いない[66]。

しかし一方でサドゥールは以下のようにいいます。

彼は映画の発明の中でほとんど瑣末的ともいえる役割を果たしたにすぎない。〔中略〕自分たちの発見を十分に具体化できる機会のあった、マイブリッジのような人物たちが引き起こした大きな流れの外に、ル＝プランスは取り残されているのである[67]。

ツェーラムやサドゥールのル＝プランスへの評価は二分しますが、謎の失踪事件により、ル＝プランスの優れた研究は、その後継者も影響力も持つことがなかったことは事実です。しかし、イギリス人ウィリアム・フリーズ＝グリーン（一八五五〜一九二一）は一八八八年以来、イギリスで映画誕生への有力な流れを作っています。彼は一八八五年から八九年の間に、紙製のフィルムを用いたカメラを製作しました。一秒間に四〜五コマの遅いスピードでしか撮影できませんでしたが、一八八八年にパリへ旅行したとき、彼はセルロイドを発見します。彼は発明家というよりはアイディアマンだったようです。フリーズ＝グリーンは一八八九年から一九二一年にかけて単独、あるいは共同で七八件もの特許を取りましたが、結局、産業の基礎になりうるものはありませんでした(68)。

図 31　左:ル＝プランスが製作した映写機兼撮影機（ツェーラム、前掲書より）　右上:彼の家（リーズ）の光景「ラウンドヘイの庭の場面」　右下:「リーズ橋上の交通状況」（上下とも 1888 年撮影）

ジーン・エーメ・リ＝ロイ（一八五四〜没年不明）は、一八九五年二月二二日のショーのプログラムに「シネマトグラフ」Cinématographe という言葉を明記しています。これはリュミエール兄弟による公開よりも一ヶ月早いものです。

当時、リュミエール兄弟は〝シネマトグラフ〟という名称を用いていませんでした。写真家であるリ＝ロイは（映写式）フェナキスティスコープの改良をはじめ、二〇〇枚の写真からなる『子供のワルツ』を撮影し、その透明陽画を映写しました。一八九五年一月には、新しい〝シネマトグラフ〟の会社を作って上映を行い、これを二年以上続けました。そのうちいくつかは入場料を取り（有料上映）、一般観客に見せた最初のケースです。その後、この最初の映画興行者の消息は途絶えます[69]。

アメリカのレイサム一家については、その業績の日付から言及する必要があります。グレイ・レイサムとオトウェイ・レイサム兄弟は陸軍少佐の父、ウッドヴィル・レイサムと共に、一八九四年の一二月に〝ラムダ・カンパニー〟を設立しました。彼らは一八九五年四月二四日に、ニューヨークのフランクフォード街でシネマトグラフ・ショーを行い、さらに五月二〇日からはブロードウェイでも上映しています。残念なことに、これらはあまり注目されませんでしたが、上映した事実は記録として残っています[70]。

マックス・スクラダノフスキー（一八六三〜一九三九）とエミール・スクラダノフスキーの兄弟はショーマンであり、ベルリン近郊で写真と光学製品の小さな工場を経営していました。また、父親（カール）と一緒に数年間「溶暗画」という幾枚かのスライドを複数台の幻燈機にセットし、交互に明滅させて、動きを表現する興行を行っていました。一種の映写機である幻燈機や写真の技術的な心得があったマックスは、イーストマン・コダックのセルロイド・フィルムを用いて、連続写真を撮影することを考えているうちに、スクリーンに投影することに思い当たりました[71]。
一八九二年から一八九五年の間に彼は鳩目金具でフィルムにパーフォレーションを開け、「ビオスコープ」Bioscope を開発しました【図32】。これは全く独自に発明された装置です。一八九五年七月にスクラダノフスキーは、ベルリーナー・ヴィンターガルテン（ミュージック・ホール）と連続上映の契約を結びます。彼らの装置は一八九五年一〇月に特許を取得し、一一月一日より一ヶ月間、その上映が行われました。これはヨーロッパで催された最初のフィルムによる映写興行です[72]。

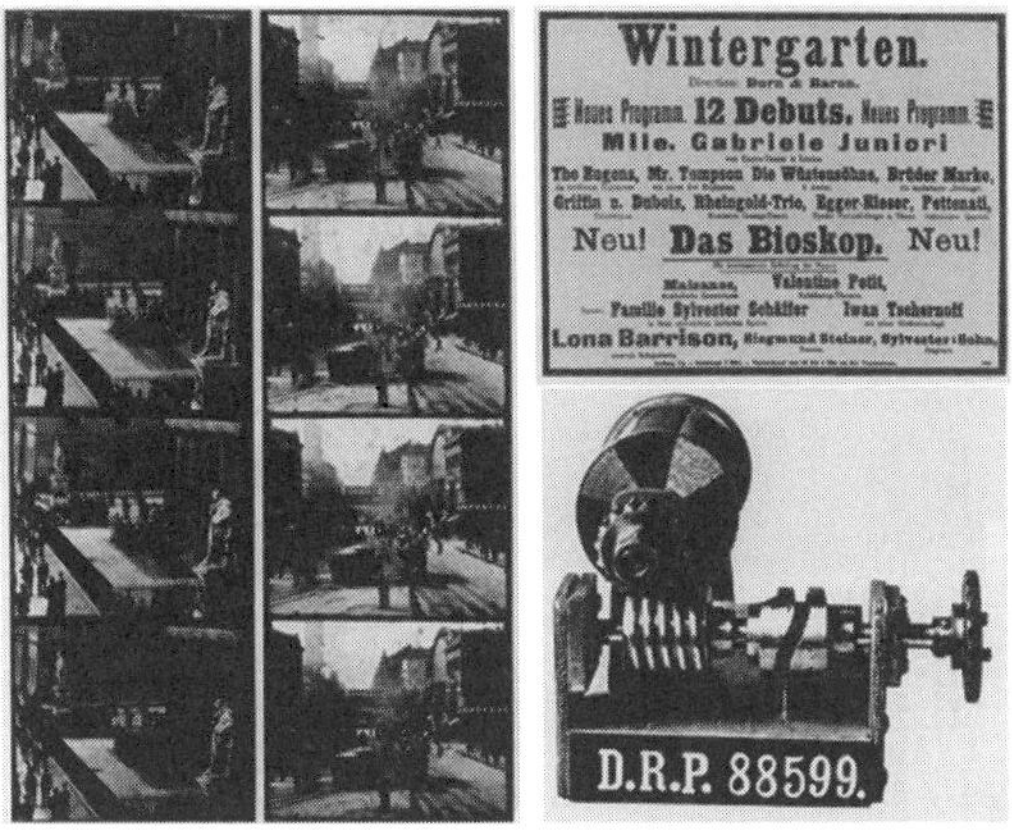

図32　左：ビオスコープ映像　右上：その広告　右下：ビオスコープの機構の一部（ツェーラム、前掲書より）

この一八九五年一一月一日は、スクラダノフスキーが自分で撮影した映画を、自作の映写機で公開興行したという点で重要です。スクラダノフスキーを〝映画の発明者〟とする人はこの事実を根拠としているからです。リュミエール兄弟もすでに七ヶ月前に内輪での上映を行っていましたが、（有料）公開されたのは、これより一ヶ月後になります[73]。

しかし、スクラダノフスキーのビオスコープは、それぞれおよそ四八コマからなる二本のフィルムを使用しており、また上映時間が一〇秒以上にわたることはありませんでした。つまり、エンドレスフィルムであり、それは連続写真でした。その最後が最初につながるというタイプの連続写真の段階は、既に五年も前にル＝プランスが超えていたのです[74]。

ビオスコープのドイツ語圏の影響力についてサドゥールは以下のように述べています。


スクラダノフスキーのビオスコープは、一八九六年を通してドイツ国内で上映され続けた。そしてドイツ語圏では、〈ビオスコープ〉という言葉が、長い間、〈キノ〉ないし〈シネマ〉という言葉と競い合うことになった[75]。


ドイツ語圏では、長い間、映画は「ビオスコープ」と呼ばれたと指摘してします。マックス・スクラダノフスキーは、自分が最初で唯一の、スクリーンに映写された動く写真の発明者であることを死ぬまで主張し続けました[76]。

イタリアではフィロテオ・アルベリーニが一八九五年に最初のフィルムによる撮影・映写・焼付け兼用装置の特許を取っています[77]。

以上のように、この時期、名前を挙げればきりがないほど、映画に関わる多くの発明家が存在しました。しかし、どれも決定的なものではなかったのです。そして今日、日常用語で使われる「映画」、つまり「記録映画」や「劇映画」と呼ばれる最初のものは、すぐにでも産業になるような成熟した装置を使い、映画館のようなシステムのなかで公開したリュミエール兄弟――オーギュスト・マリ・ルイ・リュミエール（一八六二～一九五四）とルイ・ジャン・リュミエール（一八六四～一九四八）――によるものだとされています。

5　シネマトグラフ

リュミエール兄弟の父、アントワーヌ・リュミエール（一八四〇～一九一一）はフランスのオルモアで生まれました。看板塗装工として働いた後、一八六二年にブザンソンで写真館を開業し、商売は繁盛します。彼には二人の息子がいて、兄のオーギュストは一八六二年一〇月一九日に、弟のルイは一八六四年一〇月五日にブザンソンで生まれました。一八七〇年の普仏戦争が終わるとすぐにリヨンに移り、ベルクール広場のすぐ近くに住居を定めました。二人の息子オーギュストとルイはマルティニエール商工業学校に通いました。

一八八〇年になると、ベルギーの会社（ファン・モンクヘーフェン）が輸出していた臭化銀ゼラチン乾板の使用がフランスでも拡がり、他の職業写真家と同じくアントワーヌ・リュミエールもコロジオン湿板の代わりに臭化銀ゼラチン乾板を使用し始めます。しかし、当時の雑誌に発表されて作られたこれらの乾板は、品質が悪く、露出時間も湿板の場合とほとんど変わらなかったといわれます。このとき、一七歳になったばかりのルイ・リュミエールは既にマルティニエールの学校を卒業し、基礎的な科学の知識を持っていました。彼はこの頃の写真家が利用していた方法を改良し、ファン・モンクへーフェンによって市販されていた乾板より、ずっとよく濃淡を再現し、感光度の高い乾板を作りあげることに成功します。

ルイ・リュミエールは毎日父親の工房に必要な乾板を作り、やがてそれは一般にも売られるようになり、販路は拡大しました。アントワーヌはベルクール広場の写真館を売り、郊外のモンプレジールにあった、かつて帽子製造所だった場所を借りて、そこに工場を開設します。

しかし、ベルクール広場の写真館で使われていた製法は、大量のアンモニアを排出したため、工業的規模に移行するとほとんど使い物になりませんでした。既に一〇人ほどの労働者を雇っていたこの企業は苦しい経営状態に陥ります。もしもこのとき、ルイが当時の他の方法よりずっと優れた「エチケット・ブルー」という乾板を完成させなければ、アントワーヌは破産していたと考えられています。

ルイ・リュミエールは『ラ・ナチュール』誌（一八八二年）に発表した「こがね虫の飛翔」という写真で、自分の乾板がいかに優秀であるかを示すことができました。エチケット・ブルー乾板は大ヒットし、アントワーヌ・リュミエールと二人の息子は、自分たちの会社を一〇年間で大企業に育て上げます。一八八五年にはリュミエール工場は二八〇人から三〇〇人ほどの男女労働者で溢れ、一家はひとかどの実業家にのしあがったのです。つまり、オーギュストとルイの兄弟は、商人、製造業者、やり手の実業家でありながら、その専門分野では立派な学者でもあったのです。

一八九四年の夏、パリに滞在していたアントワーヌは写真家のクレマン・モーリスに誘われ、ポワソニエール大通りに開業したばかりのキネトスコープを見せる小屋を訪れました。アントワーヌはこのエジソンの装置に感嘆し、その機能を説明してもらいました。

モーリスはこの新種の見世物が写真産業に直接関わるものであるため、六〇〇〇フランのキネトスコープを一台買取り、アントワーヌにフィルムの映写の問題を研究しようと持ちかけました。しかし、二人の努力は成功せず、アントワーヌは息子たちにこの問題を託しました(78)。

父の後を継いでリュミエール兄弟は研究をはじめました。兄弟は、マレイとも個人的に知り合いで、彼にフィルムを供給していましたし、テアトル・オプティークを見に行って、エミール・レイノー自身から、その機能を説明してもらっていました。また新聞や雑誌に発表された記述によって、エジソンのフィルムについているパーフォレーションのことも知っていたのです。

先行技術から得た情報により、二人は、映像が完全に等間隔を持ち、その画像を中央に定めることが可能でした。つまり、動画映像を正しいスピードで順に送ることができたのです。しかし、一つだけ、重要な要素が欠けていました。フィルムの伝動装置は満足できるものではありませんでした。映写する――フィルムを正しく連続して送る――には、一瞬一瞬、正しい映像が中心で止まりまた動く必要があります。「間欠運動」です。

兄弟は装置の実験のために半年ほど費やしましたが、発明に値する装置ができたのは、全くのインスピレーションであったといいます。ルイは幻覚と偏頭痛に悩まされていたある夜に「一夜にしてシネマトグラフを発明した」と兄のオーギュストは語っています。これは一九三八年にツェーラムがル

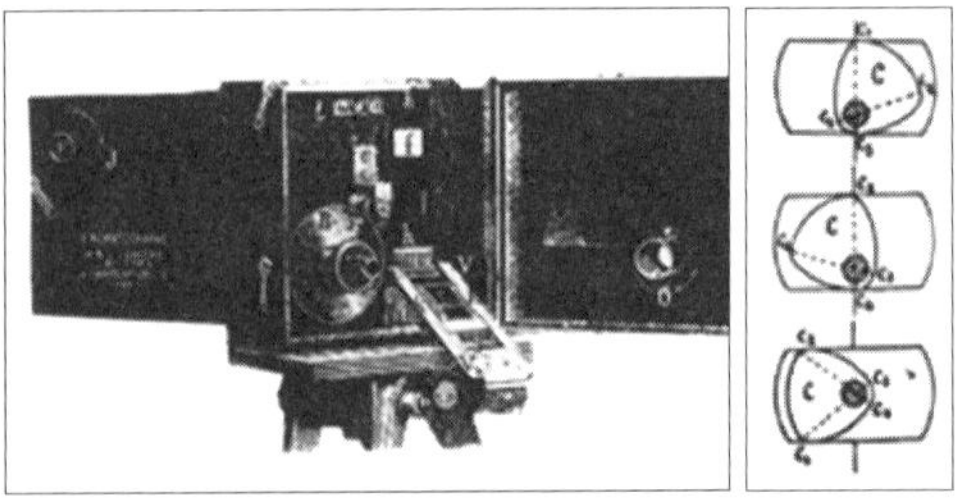

図33　シネマトグラフ（左：側面を開けたシネマトグラフ　中央：その伝動機構　右：映写機としての使用状態）

イ・リュミエールに会ったとき、ルイから直接証言を受けたことでもあります(79)。

つまり、ルイは一夜にして、ミシンの伝動機構を映画フィルムの間欠運動とすることに思いついたのです。この一夜の発明——撮影機と映写機とを兼ねた装置——は、一八九五年二月一三日に特許二四五〇三二号として認められます。その特徴は「映写式キネトスコープ」Kinetoscope de projection という名称で表現されています。

しかし、この名前は多くの訴訟にもかかわらず、シネマトグラフに変更され、今日まで用いられています。当初リュミエールはフィルム一コマにつき送り穴が左右一つずつの方式でしたが、後に、これもエジソンが発明したパーフォレーション規格を踏襲します(80)。

シネマトグラフの商業的販売は一八九六年末からはじまりましたが、この装置の大きな特徴は、当時製造されていた他の装置に比べて、**「軽く」「頑丈」「クランク・ハンドルだけで操作」でき、「旅行鞄のように携帯可能」であり、「撮影・映写・ポジの焼付け**

という三つの用途ができる」というところです。その圧倒的なコストパフォーマンスゆえに、シネマトグラフ・リュミエールを携えたカメラマンは世界の至るところで活動できるようになるのです[81]。

リュミエールが製作した最初の映像は、一八九五年三月二二日、パリのレンヌ街の国内産業振興協会において公開されます。当日は『リュミエール工場の出口』一本だけでしたが、それは一八九四年二月五日に、ジーン・エーメ・リ＝ロイが興行主たちを観客にして行った実演に似た、私的なものでした。

同じような私的な公開を何度か重ね、**一八九五年一二月二八日土曜日の夜**に、パリのキャピシーヌ通り一四番地にあるグラン・カフェの地下室で、**最初の有料公開が行われました**。当日、兄弟はさしせまった用事のために出席できず、父のアントワーヌが会場を取り仕切りました。入場料は一フランで、初日は三五フランの収入でしたが、すぐに一日三〇〇フランほどの収入になりました。新聞が広告掲載を受け付けなかったので、最初の数日間はこの催しに関する記事がほとんど見られませんでしたが、後に熱狂的な記事が載り、大成功するのです[82]。

サドゥールは一二月二八日という日を以下のように述べています。

〈グラン・カフェ〉における上映は輝かしい成功を収め、それはたちまち世界中に響き渡ることになった。一八九

図34　リュミエール兄弟（左が兄のオーギュスト、右が弟のルイ）

五年十二月二十八日という日付けは、発明家の時代が幕を閉じたことを告げている。実験室での研究段階が終わり、映画の時代が始まったのである。[83]

リュミエール兄弟のシネマトグラフは、「ルイが一夜にして発明した」という伝動機構以外、それまでの撮影機・映写機と技術的に大きく違う点は見当たりません。しかし、他の装置と比べ、はるかに簡便で携帯性に優れていた点は大きな長所です。そしてそれこそが、シネマトグラフが世界中に普及した大きな理由の一つなのです。

(1) 鹿取廣人・杉本敏夫・鳥居修晃編『心理学［第4版］』（東京大学出版会、一九九六、二〇一一年）一一六頁。
(2) C・W・ツェーラム『映画の考古学』月尾嘉男訳（フィルムアート社、一九七七年）二〇頁。
(3) ジョルジュ・サドゥール『世界映画全史』第一巻、村山匡一郎・出口丈人訳（国書刊行会、一九九二年）二九頁。
(4) ルクレーティウス『物の本質について』樋口勝彦訳（岩波書店、一九六一年）一八八―一八九頁。
(5) サドゥール、前掲書、二九―三〇頁。
(6) ニュートン『光学』島尾永康訳（岩波書店、一九八三年）。

（7）ニュートン、前掲書、三〇八—三〇九頁。
（8）ニュートン、前掲書、三九八頁（『光学』の訳者、島尾永康による解説による）。
（9）ニュートン、前掲書、一三三—一五四頁。
（10）サドゥール、前掲書、三〇—三一頁。
（11）今日、「残像効果」とは、主に人の視覚で光を見たとき、その光が消えたあとも、それまで見ていた光や映像が残って見える現象を指します。実際には静止画であるのに、画像が動いて見える事（物理的には存在しない動きがみえる事）は（ゲシュタルト心理学で）「仮現運動」あるいはファイ（φ）現象と呼んでいます。サトウタツヤ（佐藤達哉）・高砂美樹『流れを読む心理学史——世界と日本の心理学』（有斐閣、二〇〇三年）五二—五四頁。W・ジェームズ『心理学（上）』今田寛訳（岩波書店、一九九二年）七六—七七頁。
（12）サドゥール、前掲書、三〇—三二頁。
（13）同前。
（14）ツェーラム、前掲書、二三—二五頁。
（15）ツェーラム、前掲書、二四頁。
（16）サドゥール、前掲書、二七—二八頁。
（17）同前。
（18）Giannalberto Bendazzi, *CARTOONS, One hundred years of cinema animation* (John Publishing, UK, 1994), p.3.
（19）プラトーの一八三三年の論文は、サドゥール、前掲書、三七—四七頁より引用しました。
（20）同前。
（21）サドゥール、前掲書、四〇頁。
（22）ツェーラム、前掲書、九六—九九頁。

(23) サドゥール、前掲書、四〇頁。
(24) ホーナー自身はこの装置を「悪魔のルーレット」という意味を持つディーダリウム(Daedaleum)と呼びました。それをアメリカの開発者ウィリアム・F・リンカーンがゾーイトロープ(Zoetrope)「命のルーレット」と改名し、一八六〇年代にアメリカやイギリスで特許を取るまで、いまひとつ人気を得ませんでした。スティーヴン・キャヴァリア『世界アニメーション歴史事典』仲田由美子・山川純子訳(ゆまに書房、二〇一二年)三五頁。
(25) サドゥール、前掲書、四一―四二頁。
(26) サドゥール、前掲書、四二頁。
(27) サドゥール、前掲書、一五一頁。Bendazzi, *CARTOONS*, p.3.
(28) サドゥール、前掲書、一五一頁。
(29) サドゥール、前掲書、一五一―一五二頁。Bendazzi, *CARTOONS*, pp.3-4.
(30) ツェーラム、前掲書、八八頁。サドゥール、前掲書、一五二頁。
(31) 同前。
(32) サドゥール、前掲書、一五四頁。
(33) 同前。
(34) サドゥール、前掲書、一六三―一六四頁。
(35) 同前。
(36) サドゥール、前掲書、一六四頁。Bendazzi, *CARTOONS*, p.4.
(37) Bendazzi, *CARTOONS*, pp.3-5.
(38) 同前。

(39) ツェーラム、前掲書、二三八頁。
(40) ツェーラム、前掲書、二三九—二四〇頁。
(41) ツェーラム、前掲書、一〇四—一〇六頁。
(42) キャヴァリア、前掲書、三六—三七頁。ツェーラム前掲書、一〇四—一〇八頁。サドゥール、前掲書、七九—八九頁。
(43) 同前。
(44) マイブリッジは娘ほどの若い女性を妻にしていましたが、彼女は若い鉱山技師と浮気をして彼を裏切ります。それを知り激怒した夫は直ちに、恋敵の場所へ向かい、寝ているハンサムな技師を起こすと、ピストル二発でとどめをさします（一八七四年一〇月）。マイブリッジは投獄され裁判を受けますが、陪審員たちは夫の復讐を正当化したのか、スタンフォード知事の強力な後ろ盾に無頓着でいられなかったのか、特定はできません。彼は無罪になりました。サドゥール、前掲書、八六頁。
(45) ツェーラム前掲書、一〇六—一〇八頁。サドゥール、前掲書、八二—八九頁。
(46) ツェーラム前掲書、一〇八頁。
(47) ツェーラム前掲書、一〇八—一〇九頁。
(48) ツェーラム前掲書、一〇九—一六五頁。
(49) 同前。
(50) ツェーラム前掲書、一一一—一一二頁。
(51) 同前。
(52) サドゥール、前掲書、一八三—一八四頁。
(53) サドゥール、前掲書、一八四—一八五頁。

(54) サドゥール、前掲書、一八八―一八九頁。

(55) サドゥール、前掲書、一八九―一九〇頁。

(56) 同前。

(57) 同前。

(58) サドゥール、前掲書、一九〇頁。

(59) サドゥール、前掲書、一九〇―一九一頁。ツェーラム前掲書、一一三頁。

(60) ツェーラム、前掲書、一一二―一一三頁。セルロイドは一八七七年頃に日本にも輸入が開始され、一九〇八年には国産化されるようになりました。一九五五年、セルロイド製品の火災事故が多発していた事を受け、アメリカで可燃物質規制法が成立します。これにより日本製のセルロイド玩具などは全てアメリカへ輸出できなくなりました。またアメリカから広まったセルロイド製品の市場からの排除運動は世界へ広まり、世界的にセルロイドの製造や消費が落ち込むことになりました。セルロイド最大の欠点は燃えやすいという性質で、業界では他の可塑剤も研究されましたが見つからないまま、ポリ塩化ビニルなどの後発の合成樹脂素材に取って代わられました。一九九六年以降、日本国内でセルロイドは生産されていません。

(61) ツェーラム、前掲書、一七八―一七九頁。

(62) ツェーラム、前掲書、一七九―一八〇頁。

(63) マルタ十字歯車（マルタクロス Maltese Cross）はフィルムを接線方向につかまえることによって、映写機の中のフィルムを間欠的に動かすことができ、これは今日でも全ての映写機に使用されています。もともとは一七〜一八世紀からスイスの時計に使われていた間欠運動用の機構です。

(64) ツェーラム、前掲書、一七九―一八〇頁。

(65) 同前。

(66) ツェーラム、前掲書、一七九―一八〇頁。
(67) サドゥール、前掲書、一三七―一三八頁。
(68) ツェーラム、前掲書、一八〇―一八三頁。
(69) ツェーラム、前掲書、一八三―一八五頁。
(70) ツェーラム、前掲書、一八五―一八六頁。
(71) サドゥール、前掲書、二七〇―二七二頁。ツェーラム前掲書、二四、一八六―一八八頁。
(72) 同前。
(73) サドゥール、前掲書、二七〇―二七二頁。ツェーラム前掲書、一八九―一九〇頁。
(74) 同前。
(75) サドゥール、前掲書、二七二頁。
(76) 同前。
(77) 同前。
(78) サドゥール、前掲書、二七九―二八二頁。
(79) サドゥール、前掲書、二八二―二八三頁。ツェーラム前掲書、一九〇―一九一頁。
(80) サドゥール、前掲書、二八三―二八五頁。ツェーラム前掲書、一九一―一九二頁。
(81) サドゥール、前掲書、二八九頁。
(82) サドゥール、前掲書、二九三―二九四頁。ツェーラム前掲書、一九二―一九三頁。
(83) サドゥール、前掲書、二九四頁。

第4章　映画の誕生

わたしたちは今日、映像に囲まれて生活している。写真、映画、テレビ、ビデオ、テレビゲーム、インターネット…わたしたちの生活は、もはや映像なくしては考えられないほど、これらのメディアに大きく依存しており、しかも、その規模は文字通り地球全体に及んでいる。

港千尋

伊藤俊治・港千尋『映像人類学の冒険』（せりか書房、一九九九年）

1　エンターテインメントとしての映画

一八九五年にリュミエール兄弟のシネマトグラフによって、映画――外界をありのままにとらえた動く映像を記録し、映写すること――が、産業として成功します。

フランスのリヨンで写真工場を経営していたリュミエール兄弟は、撮影機と映写機を兼ね備えた機械「シネマトグラフ」を考案し、パリのグラン・カフェで上映会を行ったのでした。有名な『リュミエール工場の出口』【図1左】『ラ・シオタ駅への列車の到着』【図2右】等の番組は大きなセンセーシ

図1　左：『リュミエール工場の出口』　右：最初のシネマトグラフ・リュミエールのポスター（1896年）

ヨンを巻き起こしました（もっとも、最初の上映会のプログラム、一〇本の作品の中に、『ラ・シオタ駅への到着』は入っていません[1]）。

一八九五年二月一三日にシネマトグラフの最初の特許を取っていたルイ・リュミエールは、同年一二月になって、自ら発明した装置を商業的に利用しはじめます。この時間差に、驚く人もいることでしょう。特許取得から、実に一〇ヶ月もの時間を経ているのです。それは、リュミエールが成功した企業家であったことが大きな理由でした。エミール・レイノーやレイサム親子のように、自分たちの発明・発見をすぐに利用して、いそいで資金を回収する必要がなかったのです[2]。

リュミエール兄弟は、自分たちの発明品を完全な商品として満足できる状態に高め、それを市販することを望んでいました。エジソンがキネトスコープを売り出すのに、五年間待ったことと同様です。ルイ・リュミエールは一八九五年の一〇ヶ月間を、生フィルムの在庫を蓄えたり、ネガ

の膨大な目録を作ったり、撮影者を雇い教育したり、商品化への万全の準備をするために費やしました。(3)

一八九五年末の最初の上映会の時点で、リュミエールは長さ一七メートルのフィルムを一〇〇本ほどストックすることができていました。当時の技術では、一七メートル以上のフィルムを作ることができず、結果、これが最大の撮影尺であり、一本の「映画」の長さでした。つまりフィルム一本の上映時間はおよそ一分弱になります。次のフィルムを装填するのに必要な時間を加えると、フィルム一〇本の上映に三〇分ほどの時間がかかりました。(4)

グラン・カフェでの上映会に招待されたなかに、ロベール＝ウーダン劇場の支配人であり、奇術師のジョルジュ・メリエスがいました。彼は二〇年後、この最初の試写会について次のように語っています。

私を含めた招待客が〈モルテーニ映写機〉に用いられていたものに似た小型のスクリーンに向かい合っていると、しばらくして、リヨンのベルクール広場を撮った〈スチール〉写真が映写された。私は少し驚いて、隣の客に間髪を入れず次のように話しかけた。

――こんな映写のために私たちは足を運ばなきゃならんのか？　こんなものは私だって十年も前からしていることだ！

私がほとんど言い終わらないうちに、一頭立ての荷馬車が私たちに向かって動き始め、他の馬車、

図2　左：『庭師』または『水をかけられた散水夫』　右：『ラ・シオタ駅への列車の到着』

また通行人たち、要するに街の賑わい全体が続いて来たのである。私たちはこうした光景を目にして、茫然自失し、言葉にならない驚き、呆気に取られたままであった。(5)

この証言は、つまりリュミエールは、まず静止した映像（フィルムのひとコマ目）を幻灯機のようにスクリーンに映写して見せて、それからおもむろに映写機（のクランク）を回転させてその映像を動かしはじめたことを意味します。彼らの目的は、たぶん、「動く」幻灯機の写真によって観客を驚かすことだったはずです。だから、観客が「映像」と「現実」を混同するような余地など全くなく、むしろ、観客にとってそれは、現実的というよりは魔術的な光景にさえ見えたに違いありません。動く馬車、通行人、街の賑わいに、メリエスたち観客は茫然自失し、驚きました。『ラ・シオタ駅への列車の到着』は最初のプログラムには入っておらず、「列車に轢かれると信じて逃げ出す観客」は、この場の驚きの状況を想像し、後から作りだされた神話である可能性が大きいのです。

この上映の終わりには、会場は興奮のるつぼと化しました。メリエスは上映が終わるとすぐにアントワーヌ・リュミエールに装置を買いたいと申し出たのですが、断られます。[6]

シネマトグラフは世界中から絶賛され注文が殺到します。金に糸目をつけず買い求めようとした者もいたようですが、リュミエール兄弟は、この装置を売るのではなく、この装置を使ってリュミエール社が製作した映像を売る戦略を持っていました。その点は、エジソンと似た発想をもっていました。エジソンは、キネトスコープ（ハード・表示閲覧装置）を販売し、キネトグラフで撮影した映像（ソフト・娯楽映像）を売ろうとしました。現在のDVDのハードとソフト関係に似ています。結局、エジソンもすぐにヴァイタスコープというスクリーンに映写できるタイプに変更していきます。[7]

リュミエールのシネマトグラフは、そのほとんどの映像が固定したカメラの位置から見た風景の記録であり、人気の高かった「列車の到着」や「出口シリーズ」は、何度も何度もパターンを変えて撮影・上映されました。

シネマトグラフが世に出た当初は動く写真の物珍しさもあり、大勢の観客が作品を見にやってきました。一八九八年にはリュミエール社が製作した映画は一〇〇〇本を超えるほどの大盛況をみます。しかし、上映される作品は、そのほとんどが固定されたカメラ位置と一分弱の映像で、結局現在のホームムービーに近いものでした。それは次第にマンネリ化し、観客の興味も薄れていきました。初期投資でかなりの収益をあげたリュミエール兄弟には、もはや映画文化のパイオニアを務めるだけの能力は失われていたのです。[8]

2 ジョルジュ・メリエス

リュミエールにとっての映画——動く写真——は、現実世界を「記録し再現する機械」でした。そして、ジョルジュ・メリエスにとっての映画——動く写真——は、現実世界を記録し、編集し、加工（演出）する、「作家の映像表現手段」になったのです。

——映画に革命をもたらしたのは一人の天才です。

ジョルジュ・メリエス（一八六一〜一九三八）は映画史において、またアニメーション史において特別な存在です。映画史におけるメリエスは、それまで単なる動く映像の記録装置であり、再現装置であった映画に、舞台芸術の手法を取り込み、映画を娯楽・芸術・文化に昇華させた最も重要な人物のひとりです。

影絵劇も行っていたメリエスは舞台演出家でもあり、奇術師でもありました。彼は一八八五年一二月二八日のリュミエール兄弟による歴史的上映会に招かれた一人です。彼は『ラ・グリフ』*La Griffe*という新聞で風刺画家として出発し、技術士兼俳優兼漫画家兼舞台美術家となり、一八八八年に、近代奇術の父ともいうロベール＝ウーダン（一八〇五〜一八七一）からその劇場の事業を引き継ぎまし

図3 『月世界旅行』(1902年)

た。(9)

メリエスは「映画」が新しいタイプの興行になりうることを見ぬいた最初の人物です。メリエスはリュミエール兄弟に映画の興行権や機器を譲渡してくれるように申し出ましたが、断られたのは前述のとおりです。そこで彼は自ら撮影機を自作し、映画興行を始めました。メリエスは全作品のデッサン画家であり装飾家、トリック技術者、シナリオ作家、演出家、そして主役でした。一八九六年から一九一四年の間に四〇〇〇本にも及ぶ大量の映画を作ります。(10)

メリエスも、最初はリュミエール兄弟のようにシンプルな景色や日常生活を数本撮りますが、その後、手品師としての技術で客を楽しませたいというサービス精神が、映画製作のプロセスにも適用されます。彼はこの時代、もっとも想像力溢れるオリジナル作品を作り上げました。コマ撮り(ストップ・フレーム)という極めて重要な魔法のトリックを、撮影機が故障でいったん停止した後に動かしたところから、偶然発見します。フェードイン、フェードアウト、ディゾルブといった映画テクニックの先駆者でもあり、アルファベットの文字が躍るといった初期の荒削りなアニメーションも制作します。(11)

彼の最も有名かつ成功した映画は、一九〇二年の『月世界旅行』【図3】です。リュミエールのシネマトグラフ登場のわずか七年後のことでした。この映画は当時の規準で世界規模の大ヒットをしましたが、経済的利益はほとんど得られませんでした。一四分というメリエスとしてはそれまでで最長の作品であり、製作費は一万フラン（現在の価値で一五〇〇万円前後）でした。モノクロ版と手描きで色をつけたカラー版を興行主らに販売し、フランスだけでなく世界中で大成功を収めます。これによりメリエスはアメリカでも有名になり、トーマス・エジソンやカール・レムリ（ユニバーサル映画の設立者）も違法コピーした海賊版で一儲けしたのです。[12]

アニメーション史家のベンダッツィは以下のように記しています。

メリエスのフィルムをいま上映すると、アニメーションでないにもかかわらず、まるでアニメーションを見ているような気になる。物語は不自然な書割の前で展開し、彼自身も仮面やコスチュームや変装に覆われることで、装飾の一部にしか見えない。（中略）全ての動作はまるで人形アニメーションのように演じられるのだ。（中略）キャラクターと背景はスタイル的に同質であり、動きはもはや俳優ではなく監督が作り出すものとなった。メリエスの作品は実写とアニメーションの間に真の境界がないことを最も雄弁に物語るものの一つなのである。[13]

映画の黎明期より、映画とアニメーションには切っても切れない密接な関係性がありました。アニメーションは映画とは別の表現芸術であると同時に、映画そのものでもありました。確かに、アニメーションは映画の一部でもあったのです。ＣＧや３Ｄアニメーションが実写映画の中に普通に存在する現代の映画は、アニメーションと実写の境界が曖昧です。その萌芽は映画が生まれた当初、すでに映画の中に埋め込まれていたのです。

メリエスの最大の功績は、「１カット＝１シーン＝１本の映画」のホームムービーのような**映像記録装置であった映画を、娯楽＝エンターテインメントとして映画へ昇華させた点です**。彼は現実世界に存在しないものを映画の中で映像表現することを試みた最初の人物です。

メリエスは、リュミエール兄弟たちはと違って、映画を単なる映像記録装置としては考えませんでした。彼ははじめから、現実には存在しない空想世界の表現手段として、映画を考えていたのです(14)。

彼は一八九六年末頃にスター・フィルム社を興し、翌年にはパリ東部にグラス・ステージの撮影所を建てました。メリエスは自身が所有するロベール＝ウーダン劇場での奇術師・演出家としての経験から、映画に多くの演劇的要素を取り入れました。そしてトリックの発見から特殊効果を加え、カットとカットをつなぐ編集という画期的な概念を映画に与えました。まさにそれは魔法のような魅力に満ちていたのです(15)。

しかし、映画の各シーンはたとえディゾルブ（短いオーバーラップ）でつながっていたとしても、それは、演劇芝居の一幕に対応していました。カメラは客席から舞台を見る位置に設定され、決して動くことはなく、一九一〇年頃になると、しだいに飽きられるようになります。また映画製作業界も変化しはじめ、メリエスのような（企画・脚本・主演・撮影・製作・配給を一人で行う）家庭内手工業のような製作体制から、大掛かりな産業へと移行しつつありました[16]。

メリエスは、一九〇〇年には映画製作者委員会の初代会長になり、一九一二年まで在任しましたが、彼の独創力も底をつき、次第に忘れ去られます。チャップリンは彼を「光の錬金術師」と呼び、グリフィスが「私は全てを彼に負っている」と言明した天才は、年老いてからは、パリのモンパルナス駅で細々と土産物売店を営み、一九三八年六月二一日に死去します[17]。

3　エドゥイン・S・ポーター

メリエスが『月世界旅行』を作った翌年（一九〇三）に、アメリカのエドゥイン・S・ポーター（一八六九〜一九四一）は、映画の持つ新しい表現技術を使って、『大列車強盗』という一二分弱の映画を製作します[18]。

ポーターは、ペンシルバニア州コネルズビルで生まれました。父親トーマス・リチャード・ポーターと母親メアリー・ジェン・ポーターは地元の商人でした。高校卒業後、海軍で兵役に就き、除隊後、電気や機械に精通していたことから映写技師となります。一九〇〇年ごろ、エジソン社に臨時雇い

図4　『アメリカ消防夫の生活』

（週給一五ドル）で入り、カメラマンとなり、多くの作品を手掛けるようになりました[19]。

そして一九〇二年に、エポック・メイキングとなる作品――消防車が街を疾走するシーンと火災から母子を救出するシーンを並列に見せた――『アメリカ消防夫の生活』を撮影し、一九〇三年に、列車強盗の一味と彼らを捕まえる街の人々を描いた最初の西部劇『大列車強盗』を撮影しました。前者は編集技法の面で、そして当時大ヒットとなった後者は、物語の語り方の面で、創成期のアメリカ映画に大きな影響を与えます[20]。

前者の『アメリカ消防夫の生活』【図4】は、映画における数々の革新的な技術の統合として知られています。ポーターは、この作品を七つのシーンで構築し、クロスカッティングという最も初期の映画編集技術を使用しています。クロスカッティングとは、二つ以上の同時進行する場面を交互に見せる編集技法で、画面に起きている出来事の同時性を強調する革新的な技法です。それまで、メリエスが撮影した映画等は、物語全体が一本の流れ（直線）の中で起き、たいていの場合、ワンシーンワンショットで撮影されていました[21]。

後者の『大列車強盗』【図5】は、『アメリカ消防夫の生活』をさらに発展させたものです。この映画は一三のシーンとラストのアップシーンからなり、

図5 『大列車強盗』下図がラストシーン

「合成撮影」「ロケーション撮影」（当時は書き割の背景によるセット撮影が主流であった）、「素早いカメラの動き」などの技術を駆使し、別々の場所で発生する出来事をクロスカッティングで並列に描いて見せました。作品は当時大ヒットし、物語の語り方において、創成期の映画に大きな影響を与えるのです。[22]

実はポーターは、映画の世界に入って六年間はニュース映画カメラマンの域を超えたことはありませんでした。しかしエジソン社にいたポーターは、現像所でメリエスの数々の映画を直接手に取ることができました。ポーターは、それらを調べ、研究する機会を得ていたのです。映画の長さとショットの配列に感心し、その結果、長いシーンは一つ以上の場面を含み、ショットの配列は物語を映像化するために互いに結び付けられていることに気づいたのです。そこでポーターは、すでに撮影してあるフィルムを切り離して、ある順序につなぎ直せば、物語を作ることができると結論付けたのでした。「編集」により映画を構成しようと最初に作られたのが、『アメリカ消防夫の生活』でした。**彼の最も大きな貢献は、**スクリーンを一つの舞台として見なすことをやめなかったメリエスに対して、**映画を**

他の演劇的形式と区別し、時間の流れを跳躍した「編集」という概念を持ち込んだことです。(23)

4　ニッケルオデオン

映画の作り方はエジソン、リュミエール、メリエス、ポーター等、大勢の人間がかかわり、変化――進化――していきました。その一方で、それを見る観客側はどうだったのでしょうか。

最初、リュミエールたち映画製作者が作った映画は、祭りや定期市など、人の集まるところで巡回して上映されました。さらに、当時庶民に人気のあったミュージックホールの出し物の一つとしても上映されるようになります。しかし、新奇な色物の一つであった映画は、内容が単純で、すぐに飽きられるようになります。ミュージックホールで、メインの歌や曲芸が終わったあとに、映画を上映し、観客の入れ替え時に利用されるまでになります。(24)

しかし、新しい題材の開拓や、メリエスやポーターなどの新しい製作者たちが新しい映画を作りはじめ、再び人気を取り戻します。

そして映画専門の上映館が現れます。それは二〇世紀初頭のアメリカ合衆国で登場した、ニッケルオデオン Nickelodeon と呼ばれる庶民的な小さな映画館です。ニッケルとはアメリカ英語で五セント硬貨のことで、オデオンはギリシャ語で屋根つきの劇場の意味です。競争の激しい地域のニッケルオ

図6　左：ニッケルオデオン（トロント市アーカイブズの写真の裏にあるメモは、劇場が1908年から1914年まで運営されていたことを示しています。）
右：レッドミル劇場の前の群衆（裏のメモは、この劇場が183ヤングストリートにあったことを示しています。トロントで最初の「常設」の映画館でした。）

デオンにはピアノかオルガンがあり、演奏者が映画のシーンにあう音楽を伴奏したりしました[25]。

　ニッケルオデオンの前身は、貸店舗を内装のみ簡易的に変えて劇場にしたストアフロント劇場（その名の通り、街路に面した店の正面のこと）です。これらは少数でしたが、ニッケルオデオン登場以前から存在し、夜間のみの興行を行っていました。

　この「ニッケルオデオン」という名称はハリー・ディヴィスとジョン・P・ハリスによって作られ、一九〇五年六月、彼らはその名前でペンシルベニア州ピッツバーグのスミスフィールド通りにストアフロント劇場を開館しました。従来のストアフロント劇場とは異なり一日中興行を行う形態を取り、経済的な大成功を収めます。そのため、映画を上映し続ける五セントの映画館と言う発想は、すぐに多くの意欲的な起業家に広まり、劇場名もそのままで真似されることとなりました[26]。

アメリカで、映画が重要な産業として成長したのは、このニッケルオデオンが大きな役割を持っています。この時代、アメリカは世界中から移民を受け入れていました。中南米や東欧、アジアなどからの、英語を理解できない貧しい移民労働者は、自分たちが暮らすアメリカに楽しめる娯楽がほとんどありませんでした。演劇は高級な文化であり、それらを楽しむためには、お金も社会的地位も必要です。小説などの文学は、英語が理解できなければわかりません。ニッケルオデオンで見られる映画（映像ドラマ）は、安価であり、（もちろん当時はサイレント映画であったわけですから）言葉の理解は必要ありません。ただ、動く映像から、自分たち自身で映画を感じ、読み、楽しむことができました。このことが映画がアメリカで発展した大きな理由の一つなのです。

フォックス・フィルム・コーポレーション（現・20世紀フォックス）を興したウィリアム・フォックスは次のように述べています。

> 映画は初めから生粋のアメリカ人の心に訴えたわけではありませんでした。彼らには他に娯楽がありました。映画は主に移民、英語を話せず、理解できず、母国語を耳にできる劇場もない人たちを惹きつけたのです。(27)

これ以降、アメリカでは映画文法を確立したグリフィスが現れ、ソビエト（現ロシア）では映像言語（モンタージュ）を確立したクレショフやエイゼンシュテイン等が現れ、映画は真の意味で、産業として、芸術として成長していきます。

（1）ジョルジュ・サドゥール『世界映画全史』第一巻、村山匡一郎・出口丈人訳（国書刊行会、一九九二年）二九三―二九四頁。C・W・ツェーラム『映画の考古学』月尾嘉男訳（フィルムアート社、一九七七年）一九二―一九三頁。初日のフィルムリストは以下の一〇本。「リュミエール工場の出口」「曲芸（乗馬）」「金魚釣り」「リヨンでの写真会議への到着」「鍛冶屋」「庭師（水をかけられた散水夫）」「（赤ん坊の）食事」「毛布の跳躍」「リヨンのコルデリエ工場」「ラメール（海で泳ぐ）」一八九五年一二月二八日、最初のポスターより。

（2）ジョルジュ・サドゥール『世界映画全史』第二巻、村山匡一郎・出口丈人訳（国書刊行会、一九九三年）、八三頁。

（3）同前。

（4）同前。出口丈人『映画映像史――ムーヴィング・イメージの軌跡』（小学館、二〇〇四年）一七頁。一秒一六コマ＝一フィート＝〇・三メートルですから、一七メートルは約五六秒の撮影・映写時間になります。

（5）サドゥール、前掲書、第二巻、八五頁。モルテーニは、一九世紀を通じて運営されているフランスの科学および幻灯機などの投影装置の大手メーカー。

（6）サドゥール、前掲書、第二巻、八六頁。
（7）同前。チャールズ・マッサー『エジソンと映画の時代』岩本憲児編・監訳／仁井田千絵・藤田純一訳（森話社、二〇一五年）
（8）今村庸一『映像情報論』（丸善株式会社、二〇〇三年）二〇—二二頁。
（9）Giannalberto Bendazzi, *CARTOONS, One hundred years of cinema animation* (John Publishing, UK, 1994) p.11. ツェーラム、前掲書、二四〇—二四一頁。サドゥール、前掲書、第二巻、二一九頁。
（10）ツェーラム、前掲書、二四〇—二四一頁。
（11）スティーヴン・キャヴァリア『世界アニメーション歴史事典』仲田由美子・山川純子訳（ゆまに書房、二〇一二年）四二頁。ツェーラム、前掲書、二四二—二四三頁。
（12）ジョルジュ・サドゥール『世界映画全史』第三巻、村山匡一郎・出口丈人・小松弘訳（国書刊行会、一九九五年）、二八五—三〇七頁。
（13）Bendazzi, *CARTOONS*, p.11.
（14）今村、前掲書、二二一—二四頁。ツェーラム、前掲書、二五六—二六五頁。サドゥール、前掲書、第一巻、二一八—二四六頁。
（15）同前。
（16）村上、前掲書、五六—五七頁。
（17）ツェーラム、前掲書、二四二—二四三頁。
（18）サドゥール、前掲書、第四巻、二五八—二九〇頁。村上、前掲書、五七—五八頁。今村、前掲書、二四—二六頁。
（19）前同。マッサー、前掲書。フィリップ・ケンプ責任編集『世界シネマ事典』遠藤裕子ほか訳（三省堂、二〇一七年）二二一―二二三頁。

(20) ジョルジュ・サドゥール『世界映画全史』第四巻、村山匡一郎・出口丈人・小松弘訳（国書刊行会、一九九三年）、二五八―二九〇頁。

(21) 同前。

(22) 同前。

(23) 同前。

(24) 出口、前掲書、一八―二〇頁。

(25) サドゥール、前掲書、第四巻、二九七―三一五頁。

(26) 同前。

(27) サドゥール、前掲書、第四巻、三〇六頁。

第5章　映画とアニメーション、それぞれの定義

1　映画の定義

これまで映像の歴史について概観してきました。最初に、「映画とは何か。アニメーションとは何か。」と、現状の定義を辞書・事典から紐解きました。映画とは何かを考えたとき、その発明者は誰なのか、と。

——映画の発明者は、エジソンなのか、リュミエール兄弟なのか。

しかし、こうして長い映像の歴史をみると、映画は誰も「発明」などしていないのだと結論づけられるのではないでしょうか。より正確に記すなら、「誰も」ではなく、「特定の誰かひとり」が発明したものではない、ということです。

リュミエール兄弟が発明したのは「シネマトグラフ」という機械装置であり、多くの書物で記されるように、その上映形態が、結果として「映画」という文化システムを誕生させたのかもしれません。しかし、リュミエール兄弟は、動く映像を世界で最初に撮影した人物ではありません。動く映像を最初に上映した人物でもありません。パーフォレーションを発明したわけでもなく、有料で映像を定期興行した最初の人物でもないのです。確かに、ルイ・リュミエールが、夢の中で発明したというフィルム送りの伝動装置は非常に優れたものでした。しかし、それ以外の部品、装置、セル・フィルムやパーフォレーション、さらに「シネマトグラフ」という名称さえ、実はリュミエール兄弟が考えたわけではなかったのです。特に映画の上映形態――リュミエール兄弟による有料の定期上映が映画発明の根拠である――はレイノーのテアトル・オプティークから強い影響を受けていることは、それが上映された場所からも推測できます。

アニメーション史家のジャンナルベルト・ベンダッツィ（一九四六〜）は『カートゥーン、アニメーション百年史』でこう記しています。

一九〇〇年までにテアトル・オプティークは五〇万人以上の観客を魅了した。しかし、一八九五年、グレヴァン館から数百メートル先でリュミエール兄弟が歴史的上映を行ってから、客足は途絶えるようになった。(1)

映画が大衆娯楽として商業的に成功するということは、エミール・レイノーのテアトル・オプティークの成功によって、十分予想できることでした。レイノーは一八九二年から一九〇〇年の間に、毎日定期的に二回ずつ催された興行によって、五〇万人もの人々をひきつけたからです。

成功している場所の近くで、同様のサービス（エンターテインメント事業）を行えば、同種のもの（今日的に言えばサービスの提供）を欲している顧客を得られると考えるのは至極自然な思考です。実業家であれば、新規事業や新規出店のためのマーケティング・リサーチをするのは当然です。

開業予定地での集客数を予測し立地を決めるのでなければ、新規出店はギャンブルになります。最初の映像公開時には一〇〇本もの作品を準備していた、やり手の実業家であったリュミエール兄弟が、シネマトグラフの定期上映の場所を、エミール・レイノーのテアトル・オプティークを上映するグレヴァン館からわずか数百メートルの地に決めたことを、単なる偶然と考えるほうが困難ではないでしょうか。

この「不特定多数の観客に映像を見せて収益を得るといったシステム」は、リュミエール兄弟独自の発明ではなく、ロバートソン、レイノー、レイサム一家、スクラダノフスキー兄弟がすでに行っていました。多くの先人たちの複合的な結果であることを、これまでに明らかにしました。

しかしなぜ、一般にも、あるいは専門書においても、「動く映像が、史上初めて大勢の観客の前で映写されたのは一八九五年一二月二八日、入場料を取っての最初の上映がパリで行われた」(2)。あるいは「一八九五年一二月二八日、パリはキャプシーヌ通りのグラン・カフェでオーギュストとルイのリユミエール兄弟の〈シネマトグラフ〉が一般公開された。人々ははじめてスクリーンに拡大投影された動く映像を見た」(3)。などというような記述が消えないのでしょうか。もちろん、これらは個別記述の批判ではありません。便宜上、簡略化して映画誕生を物語ったと推察することも可能です。

C・W・ツェーラムが『映画の考古学』を執筆していた頃（一九六五年出版）、映画を見に行くことをそれぞれの国でこう表現していたと言います。

イギリス人は「シネマに行く」（ゴー・トゥ・ザ・シネマ）と言い、アメリカ人は「ムーヴィに行く」（ゴー・トゥ・ザ・ムーヴィーズ）と言うし、南アフリカ共和国では今でも「ビオスコープに行く」と言っている。〝モーション・ピクチャー〟という単語を使うのは、気取った人だけである(4)。

今日では、「シネマ」という言葉は、映画を表す世界共通語です。それは当然に、シネマトグラフからの引用、短縮形だと推測できます。シネマトグラフの短縮形である「シネマ」が映画の同義語となり、**シネマトグラフの発明者が映画の発明者と混同**されていったと考えることができます。

もちろん、リュミエール兄弟のシネマトグラフがそれまでの撮影機や映写機に比べてはるかに優秀であったことは間違いありません。事実、エジソンの撮影機キネトグラフは、大型の重いトランクほどの容積があり電気で作動しました。そして囚人護送車を意味する「ブラック・マリア」と渾名された撮影スタジオは、設置された場所から移動させることは非常に困難でした[5]。

この携帯性、簡易操作性能をとっても、機械装置としてのシネマトグラフは優れていたことは確かです。しかし、それが直ちに映画誕生の全ての栄光を手に入れる要素になったかといえば、それは違います。とはいえ、「小さな旅行鞄のような大きさの中に、スタジオや焼付け工場や映写室を兼ね備え、世界のいたるところで活動できる一種の魔法鞄[6]」が、動く映写の流行を惹き起こす出発点となったことは事実です。リュミエール兄弟は、産業的な意味で初めて映画を成功させた人物でした。正確な言葉を用いるなら、リュミエールは、映画の発明者と呼ぶより、「産業としての映画の父」と呼ぶほうが妥当なのかもしれません。

考古学者であるC・W・ツェーラムは、映画の発明について、以下のように述べています。

> 映画とは、シネマトグラフとともに始まった。シネマトグラフとは映画の〝技術的な装置〟を示す用語であり、したがって、いつ〝映画〟が発明されたかという質問は誤っており、〝発明〟されたのはシネマトグラフ〔機械装置〕なのである。〝映画〟とは単なる〝装置〟以上のものであり、〝発明された〟ものではなく〝誕生した〟ものなのである[7]。

〝映画は発明されたのではなく、誕生したのである〟

「ジョルジュ・サドゥールの『世界映画全史』は、現在のぞみうる最大そして最良の世界映画全史である。[8]」と映画評論家、飯島正は言います。その根拠は、サドゥールの膨大な資料の収集と調査研究の徹底ゆえです。彼は一九三九年、第二次世界大戦の戦火のさなかでこの第一巻を書き上げ、六七年に亡くなるまで、およそ三〇年近い年月を、膨大な資料と証言をもとに精緻に再構成し、これを書き上げたのでした。フランス人のサドゥール自身はこの著作の序文で以下のように語っています。

私がこの研究に取りかかった頃には、フランスで幾人かの研究者が書いていたように、私はリュミエールだけが映画の発明者であると確信していた。だが、同時代の文章や資料を精通することによって、私はフランスおよび諸外国の別の発明者たちの貢献を考慮に入れた別の観点に立つようになった。とりわけトーマス・アルヴァ・エジソンの重要性を強調するようにしたが、エジソンの名は、アメリカでは動く写真の主要な発明者ないし唯一の発明者と見なされているのに、フランスで一般に言及されることがないのである。[9]

そして、サドゥールは「映画の発明」と副題をつけた第一巻（翻訳は二巻構成）で、以下のように結論づけています。

結論として、しばしば提出される問い〈映画の発明とは何か〉に答えよう。写真や動く映像の発明家は一人というのではなくて、その数は数十人に及ぶ。同じような複雑な一つの発見は、たった一人の人間によっては実現されなかった。〔中略〕結局のところ、原理を確立したのはプラトーとシュタンプファーであった。最初の撮影を行ったのはマイブリッジだった。マレイは最初の撮影機を作った。レイノーは動く絵による最初の見世物〔動画映像エンターテインメント〕を実現した。エジソンは十人の発明家たちがスクリーン上に映写を試み、ルイ・リュミエールが最も成功をおさめた最初のフィルムを完成させた。そのすぐ後に、メリエスは演劇の手法を採用して、それまでは科学的珍品であった映画を真の見世物〔エンターテインメント〕にしたのである。(10)

これら、ツェーラムやサドゥールの言葉は、いままで映像史を概観してきた私たちにとっても、非常に受け入れやすい結論ではないでしょうか。重ねて言えば、映画は誰か特定の一人だけの発明による成果、結果ではないからです。

〝映画は発明されたのではなく、誕生したのである〟

多くの先人たちの小さな発明、大きな発明、無数の発見や実験、失敗や成功、試行錯誤。アカデミックな世界の人々から、市井の人々、さまざまな人々の情熱と努力が、人類に「映画」という感動体験を共有する映像文化をもたらしてくれたのです。

映画は単なる機械的なシステムであるだけではなく、同時に、人間（観客）に感動を与えることができる文化的なシステムであり、産業でもあります。広義に映画を定義するなら、映画とは「動く映像を媒体とする文化的システム」です。

この定義で映画を再考察すれば、「動く映像を媒体とする文化的システム」はリュミエール兄弟によって「完成された」といっても過言ではありません。レイノーはテアトル・オプティークを発明し、エジソンはキネトグラフとキネトスコープを発明し、リュミエール兄弟はシネマトグラフを発明して、結果、「動く映像を媒体とする文化的システム」である「映画」が誕生したのです。

諸芸術が一つの文明ないし複数の文明にまたがって進化していくのに対し、映画の場合は一〇〇年少々に収まっています。この映画の誕生と成長について、著名な映画評論家であるアンドレ・バザン（一九一八〜一九五八）は、アンドレ・マルロー（一九〇一〜一九七六）の『映画心理学素描』が「他方、映画はひとつの産業でもある」と結ばれていたことへの暗示として、「映画はひとつの言語でもある」と表現しました。その上で、映画の歴史をこう捉えています。(11)

すぐれて社会的な芸術である演劇でさえもが、もはや文化的、経済的に恵まれた少数者にしか関わりのないものとなった現代において、映画は唯一の民衆的芸術という地位を築いている。おそらく映画の過去五十年は、文学にとって五世紀にも相当するだろう。(12)

「五十年が五世紀に相当する」というダイナミックな時間の捉え方も、映画という「時間芸術」にふさわしいものでしょう。映画は、我々人類に感動と共感を与えることができる非常に重要な文化装置となりました。

二〇世紀以降と以前の世界をはっきり分かつ特徴の一つは、「動画映像文化」です。現実世界の〈動く〉映像をそのまま写し取り、再現する映像技術の存在は、世界を変えてしまったのです。テレビ、PCモニター、携帯やスマートフォン、街角やスタジアム等の巨大モニターまで、現代人は無数の映像に囲まれて生活しています。私たちは、一〇〇年以上前の映像のない生活を考えることが難しい状況のなかで暮らしています。「産業」であり、「言語」であり、「動く映像を媒体とする文化的システム」である映画の誕生は、その根源なのです。

2　アニメーションの定義

アニメーションを定義することは、非常に困難です。その理由は、まず第一に、アニメーションの研究は始められたばかりで、これに関する学術的な成果がまだ極端に少ないことがあります。

第二に、アニメーションは映画よりもさらに芸術性を疑われています。一般に多くの人々が、アニメーションを「子供向けの娯楽」と考えがちなことは否めません。もし芸術の一ジャンルとしてアニメーションを捉えるなら、多くの偏見や思い込みに対して反論を試みなければならないのです。『現代映画事典』（美術出版社、一九六七年）で、岡田晋は、アニメーションを以下のように捉えています。

アニメーションとは、元来が訳して字のごとく「動画」一般の意味である。1コマずつ変化する絵を撮影し、スクリーンに動く絵をうつし出す〔中略〕いずれにしても、動画が製作過程に写真というプロセスを含まず、人間の手によって描かれた絵を基本につくられる点では共通している。[13]

つまりアニメーションとは、「写真ではなく、人間の手によって描かれた絵をコマ撮りした動画である」といい、その特徴として次のように続けています。

そこには、映画のひとつの性格である現実を正しくうつし取るという要素、事実性がない。〔中略〕われわれはアニメーション・フィルムといい、デッサン・ザニメといい、動画映画というけれど、映画のもつ本質的な一面をおとしたアニメーションが、はたして映画であろうかと疑問に思う。[14]

映画が「現実を正しくうつし取る」という指摘が正しいのかどうか、単に写真術を基にしているから、現実をうつし取っているといわれればその通りかもしれません。しかし、映画の撮影はその監督の意図により撮影されるものであり、人間の意図が入る以上、現実を正しくうつし取っているという表現は疑問でしょう。もちろん編集という問題もあります。映像の編集方法によって、映像・映画の持つ意味が違ってくることは周知の通りです。ここで岡田は、アニメーションが映画の一ジャンルであるとした上で、「映画のもつ本質的な一面をおとしたアニメーションが、はたして映画であろうかと疑問に思う。」と述べています。本質的な一面をおとしたとは、似て非なるもの、ということかもしれません。

しかし、アニメーションの視点から見ると、全くちがう観点で捉えることができます。ジョン・ハラス（一九一二〜一九九五）とロジャー・マンベル（一九〇九〜一九八七）は、『アニメーション〈理論・実際・応用〉』（原題：The Technique of Film Animation）の序文でこう記しています。

動くものは総てアニメーション（動画）化される。理由は動くものには生命があるからである。そして総ての映画フィルムはアニメーション化されたものであるといえる。動くからである。ところが映画製作者が〝アニメーション〟という言葉を用いる場合、それは非常に限られた専門的なことをいっている。〔中略〕映画製作者が〝アニメーション〟という言葉を用いる場合、それはグラフィック芸術家が紙の上やセルロイド上に創りだす、狭い意味の作品を指している。(15)

映画製作者、研究家、評論家がいうアニメーションとは、映画の一ジャンルであることを前提に考えられています。しかし、そもそも「動画」とは「アニメーション」であり、全ての映画フィルムはアニメーション化されたもの、つまり、アニメーションの一部といえるのです。粘土で動きを表現すれば「クレイ・アニメーション」と呼び、切り絵を使えば「切り絵・アニメーション」、セルに描いて塗れば「セル・アニメーション」、アニメーションは使用する素材でジャンル分けを行います。また人形を使えば「人形・アニメーション」あるいは「パペトゥーン」などと呼びますが、一コマずつ動かし止めて撮影するため「ストップモーション・アニメーション」などと、その撮影技法からの呼び名もあります。

現実の人間をチャカチャカ動かしては止めて撮影する手法の作品もあります。これなどは素材をジャンル分けしたアニメーションでは「実写・アニメーション」になります。しかし、「実写・アニメーション」とは呼ばず、その手法から「ピクシレーション」、あるいは単に「ストップモーション・アニメーション」と呼んでいます。「実写・アニメーション」と呼ばない理由は、そう呼べば、全ての実写映画が「実写・アニメーション」となり、混同されるからです。

確かに、実写映画は一コマ一コマ、人間を止めて撮影を行ってはいません。しかし実はそれと同じ作業を、撮影機という装置の中で行っています。人間を一コマずつ止めて撮影するのか、人間は動き続け撮影機がそれを機構内で分解して一コマずつ撮るのか、その法則に違いはありません。

アニメーションは動きです。動いているものを分解し、再構成して、動きを表現するものがアニメーションです。ハラスとマンベルも言うように、全ての映画フィルムはアニメーション化されたもの、つまり動きを（映写装置により）分解し、再構成して、（映写機により）「動きを再表現」したものなのです。この「動きを再表現」とは、決して、元の動きをなぞるということではありません。「動きを再表現」するとは「分解され静止されたもの（画像等）に、新たに生命を与える」ということです。そして、まさにそれこそがアニメーションなのです。

分解や再構成する「手段」が人間の手なのか撮影機なのかによって、映画とアニメーションを区別するのであれば、アニメーションを映画の一ジャンルであるとする考え方は間違っています。アニメーションの素材をマイブリッジのように、全てスチール写真にすれば、それこそが映画になるからです。レイノーの上映を見物したマレイは次のように証言しています。

これまでレイノー氏は、デッサンしたり描いたりした手製の画像だけをテアトル・オプティークに利用したにすぎない。クロノトフォトグラフによる長い連続写真を用いたならば、それが注目すべき効果を挙げることは疑う余地がない(16)。

しかし、かつて写真家であったレイノーは、写真を単に静止画像の記録として利用するにすぎないモノであり、芸術に不向きなものとして写真術を問題にしませんでした。レイノーは自身のデッサンに固執して、結果的に自分自身で、映像史の檜舞台から降りてしまったのです(17)。映画が誕生し、その一ジャンルとして、アニメーションが生まれたわけではありません。映像史のタイムライン上では、アニメーションがあり、（実写）映画が誕生しました。アニメーションが映画の一ジャンルでないとすれば一体何なのでしょうか。岡田は次のようにも語っています。

むしろ映画のひとつのジャンルというより、映画とは別の、もうひとつの視覚的表現媒体ではあるまいか。(18)

もし、映画がアニメーションの一ジャンルではなく、アニメーションが映画の一ジャンルでなければ、この考え方に同意できる部分があります。アニメーションは（映画ではなく）独立したひとつの芸術である、ということです。そもそもアニメーションは映画が誕生する以前に生まれていました。プラトーが発明した「フェナキスティスコープ」、それを改良したしたホーナーの「ゾートロープ」、そしてレイノーの「テアトル・オプティーク」など、**「写真・フィルムや映写機がなくともアニメーションは存在しえる」**からです。

アニメーションを定義する難しさは、親子のように、あるいは双子のように存在する映画との関係からです。もし、**「映画が生まれなければ、アニメーションはそれ単独の独立した芸術として存在していた」**はずなのです。

アニメーションを定義する難しさは、それが単なる「技法」なのか「表現」なのか、あるいは「芸術」なのか「娯楽」なのか、その視点にもあります。もし単なる技法であれば、映画の一ジャンルに入れる必要さえありません。一九二五年に製作された映画『ロスト・ワールド』の恐竜たちのように、あるいは一九三三年の『キングコング』のコングのように、それは映画における初期のトリック撮影の一技法として考えればよいからです。

アニメーションの定義は、国内外の研究者により、繰り返しなされてきました。世界各国のアニメーション作家や関係者で構成される国際アニメーションフィルム協会（ASIFA）の定義によると、一九六〇年ごろには「フレーム・バイ・フレームで制作された映画的創造物」がアニメーションと定義されていましたが、一九八〇年には「実写撮影以外のすべてのテクニックを用いてイメージを動かした創造物」と曖昧に表現しています。[19] しかしこれでは、前述のように人間を使いストップモーション技法を使った映像（ピクシレーション）はアニメーションと呼べなくなります。また、実写映画の中に入り込んだアニメーション的特撮、CGアニメーションはどう捉えればよいのか、そこに疑問が残るのです。

著名なアニメーション作家ノーマン・マクラレン（一九一四〜一九八七）は、アニメーションの定義として以下のような言葉を残しています。

アニメーションは絵を動かす芸術ではなく、動きを描き出す芸術である。

コマの上にあるものよりも、コマの間で起こることの方が、よっぽど重要だ。それゆえ、アニメーションとは、コマの間に横たわる見えない隙間を操作する芸術なのである。[20]

このマクラレンの定義について、アニメーション監督であり研究者のジョルジュ・シフィアノス（一九五二〜）は手紙を書き、明確な解答を求めました。マクラレンの定義があまりに謎めいている、と考えたからです。マクラレンは一九八六年八月四日付けで手紙を返しました。[21]

簡単に言えば、私のその定義はメタファーとして修辞的に用いられたものであって、文字通りの意味ではありません。〔中略〕私が言いたいのは、アニメーターはひとつの動きとその次に続く動きの間に対する思考や感覚を扱わなければならないということです。それは大抵の場合において、二つのドローイングの間を意味します。切り絵やモノ、オブジェを動かす場合であれば、二つのコマの間にどれだけ動かすべきかの重大な決定をせねばなりません。〔中略〕グラフィック自体の重要性を軽視したのです。無視しているようにさえ思えるでしょう。[22]

つまり、マクラレンもハラスとマンベルと同じように、動きこそアニメーションなのだ、と述べています。そしてマクラレンは、この二日後に、手紙を再送しました。

右記〔前述の手紙〕の説明はむしろ混乱を招きますね。乱暴だし、おそらく素朴すぎます。〔中略〕こんな風に言い換えます――アニメーターにとっては、連続するそれぞれのコマの間の差異が、それぞれのコマの上にあるイメージよりもさらに重要である。それがアニメーターの核であり、魂である。(23)

そして、アニメーションの芸術観について、最後にこう結んでいます。

アニメーションは、連続するコマ、もしくはそれぞれのコマの上のイメージの間の差異を操作する芸術なのである。(24)

この「二つのコマ」、あるいは「それぞれのコマの上のイメージの間の差異を操作」という言い方はアニメーターには非常に良くわかり、納得しやすい表現かもしれません。マクラレンはアニメーターという表現者・芸術家の立場から、アニメーションを定義したのです。マクラレンがいうこのコマのことを産業としてのセル・アニメーション制作の現場では「原画」、あるいは英語で「Key Animation」と呼びます。アニメーターは、この「Key」となるグラフィックを設定し、その間をどう動かすか、どう割っていくのか、そのタイミング、動き、表現方法が重要だと考えているからです。

これまで、アニメーションを映画と同じ地平上で考えていると、その定義が困難になることを述べました。アニメーションを単純に映画の一部であると考えるのは論理的ではないからです。それを、それぞれの成立過程、あるいは概念上でも検証しました。

もちろん、映画産業の一ジャンルとしては「記録映画」「恋愛映画」等と並び「アニメーション（動画映画）」と呼べるでしょう。また映像表現の技法としては「特殊効果」のひとつとして「アニメーション」があります。視覚的表現媒体としては「実写映画」と並び独立した芸術の一つとして「アニメーション」が存在します。アニメーションを定義づけるには、単純に映画の一ジャンルなどと決めつけると、さまざまな矛盾を解決することができません。アニメーションを定義するには、アニメーションが持っているさまざまな性質、側面の全てを既成概念にとらわれず、柔軟に受け止めることが重要でしょう。

以上のことから、現時点で、広義な意味でアニメーションを次のように定義することが可能です。アニメーションとは「映画の一ジャンルであり、映画の表現技法・特殊効果のひとつであり、動く映像を表現する視覚的表現芸術」である、と。

3　映画とアニメーション、再定義

映画とアニメーションは親子のようであり、兄弟のようでもあると、前節で述べました。

映画産業の中でジャンル分けすれば、アニメーションは映画の一ジャンルといえるでしょう。しかし動く映像をすべてアニメーションと呼ぶなら、映画もアニメーションの一ジャンルであり、実写・アニメーションと呼ぶことさえできます。まったく違う表現媒体であると考えることさえできるのです。

動く映像を使う「映画」と「アニメーション」はその表現形式があまりに似ている部分があります。しかし、確実に違う点が一つあります。それは、アニメーションは動きであり、それ自体が生命の表現であるという純粋性です。

つまり、アニメーションは静止しているものを動かすことで成り立つ純粋性があり、メディアを選ばない――メディア・インディペンデントである――ということです。前述したように、アニメーションはフェナキスティスコープやゾートロープ、あるいはテアトル・オプティークのように、媒体を選びません。フリッカー・ブック（パラパラ漫画）のように紙だけで存在することも可能です。フィルムである必要がない、撮影する必要がないのです。

一方、「映画」は映像として写真・フィルムやビデオ・テープ、あるいはデジタル・データなど、**「映像として記録することが前提であり、絶対条件」**なのです。現実世界の動く映像を記録するために生まれた機械が映画であったのですから、これは当然のことです。

しかし、これは実は大きな差異でもあります。

極論すれば「アニメーションは概念」であり、「映画は機械」であるといえるかもしれません。動きを表現することをアニメーションと呼び、動きを記録し再生する機械が映画であったからです。これまでの知見から、映画とアニメーションは、その両者の関係性をも考慮に入れて再定義するなら、以下のように表現できます。

「映画は動画映像を記録・再生する機械であり、それを媒体とする文化芸術システム」です。一方、「アニメーションは、静止画像、あるいは動画映像を分解し、再構成し、動き（生命）を表現する芸術」だといえるのです。

（1）Giannalberto Bendazzi, *CARTOONS, One hundred years of cinema animation* (John Publishing, UK, 1994), p.3.
（2）野崎歓『表象文化研究』（放送大学教育振興会、二〇〇六年）一五三頁。
（3）出口丈人『映画映像史』（小学館、二〇〇四年）一三頁。
（4）C・W・ツェーラム『映画の考古学』月尾嘉男訳（フィルムアート社、一九七七年）一七頁。
（5）ジョルジュ・サドゥール『世界映画全史』第二巻、村山匡一郎・出口丈人訳（国書刊行会、一九九二年）、八五頁。
（6）サドゥール、前掲書、二九二頁。

（7）ツェーラム、前掲書、一九頁。
（8）サドゥール、前掲書、五頁（飯島正による序文「サドゥールの『世界映画前史』によせて」より）。
（9）サドゥール、前掲書、一八頁。
（10）サドゥール、前掲書、二五六—二五七頁。
（11）アンドレ・バザン『映画とは何か（上）』野崎歓・大原宣久・谷本道明訳（岩波書店、二〇一五年）二一、一四〇—一四一頁。
（12）バザン、前掲書、一四〇—一四一頁。
（13）岡田晋・佐々木基一・佐藤忠男・羽仁進編『現代映画事典』（美術出版社、一九六七年）一四九頁。
（14）同前。
（15）ジョン・ハラス／ロジャー・マンベル『アニメーション〈理論・実際・応用〉』伊藤逸平訳（ダヴィッド社、一九七二年）九頁。
ジョン・ハラスはアニメーション監督でありスタジオ経営者。『動物農場』（一九五四）、監督。

ロジャー・マンベルは、作家・映像作家。イギリスの映画アカデミーの会長やロンドンの映画およびテレビ芸術協会の会長を務めました。
（16）マレイの証言は、サドゥール、前掲書、一六四頁より引用しました。
（17）サドゥール、前掲書、一六七頁。
（18）岡田、前掲書、一四九頁。
（19）津堅信之『アニメーション学入門』（平凡社、二〇〇五年）二四頁。
（20）N・マクラレン／G・シフィアノス「アニメーションの定義——ノーマン・マクラレンからの手紙」土居伸彰訳『表象』第七号（表象文化論学会、二〇一三年）六八頁。

(21) N・マクラレン／G・シフィアノス、前掲誌、六九―七〇頁。
(22) 同前。
(23) N・マクラレン／G・シフィアノス、前掲誌、七一―七二頁。
(24) 同前。

II　アニメーションから「アニメ」へ

第6章　アニメーションの渡来から戦前

1　創成期のアニメーション

エンターテインメントとしてのアニメーションは、リュミエールのシネマトグラフが発明される以前から、つまり「映画の誕生」以前から存在していました。エミール・レイノーのテアトル・オプティークがそれです。セル・フィルムが生まれる以前に、紙のフィルム（帯）とパーフォレーションを使用し、制作上映したのです。それはカラーであり、音楽や効果音もつけられていました。もちろん、パーフォレーションがついたフィルムを使用したことから、映画の起源とさえいえる可能性があることはこれまで考証したとおりです。

しかし、映画の誕生以降、つまり「映画として撮影された」あるいは「映像の記録として残る」最古のアニメーションは、ジェームズ・スチャート・ブラックトン（一八七五〜一九四一）が制作しました。

図1　『愉快な百面相』（1906年）

ブラックトンはイギリスのシェフィールドで生まれ、家族と共に、一〇歳で渡米します。一八九六年、フリーのジャーナリストでもあった彼は、エジソンにインタビューする機会を得ます。そこでブラックトンは絵の趣味があることをあかし、エジソンにカメラの前で肖像画を描いてほしいと依頼されました[1]。

ブラックトンには「ライトニング・スケッチ」lightning sketches（チョーク・トーク chalk talk とも呼ぶ）の経験がありました。これはバラエティ・ショーのネタの一種にもなったもので、客の似顔絵やユーモラスな絵を素早く描くものです。彼はこれをきっかけに、エジソンからビタスコープを購入し映画興行を行い成功します。ブラックトンはこの技術を基に自らが出演し、そのカメラの前で黒板にチョークで絵を描き、それに変化を与え、動かしました[2]。

欧米でのプロトタイプのアニメーションは、ほとんどがこのライトニング・スケッチを撮影したものです。一九〇六年、ブラックトンは最初のアニメーション作品『愉快な百面相』Humorous Phases of Funny Faces【図1】を撮影します。これは目を回し煙草の煙をふかす男、輪をくぐる犬などがアニメート（動画化）されたものです[3]。

映画として、つまりフィルムに残っている最古のアニメーション作品がこの『愉快な百面相』です。ですので、この作品を、世界最初のアニメーションとする説もあります。もちろん、「映像として残る」という但し書きが必要です。

ブラックトンは、翌一九〇七年、『幽霊ホテル』The Haunted Hotel を発表します。これ自体は実写映画で、ストップモーションの技法で幽霊ホテルの超自然現象を作り出しました。非常に完成度が高い、というわけではないのですが、この作品は大ヒットして、多くの模倣を生むことになります。エミール・コール（一八五七～一九三八）の出発点もここにありました。(4)

エミール・コールの本名はクルテといい、エミール自身の言葉によれば、最も遠い祖先は一二九二年のパリの台帳に記載されている古い家系ということでした。彼は宝石細工師や手品師の助手を経て、画家アンドレ・ジルに入門します。コールはさまざまな雑誌でカリカチュア（誇張や省略された風刺画）画家として活躍し、雑誌『現代の人々』*Hommes d'aujourd'hui* ではヴェルレーヌやロートレックの肖像を描いています。(5)

コールはある時、自分のイラストからアイディアを盗用した映画があることに気づきました。彼は大手映画会社のゴーモン社に出かけ、弁償金を要求します。プロデューサーはその要求に従い、しかし同時に、彼にトリック撮影のスタッフになるよう依頼しました。コールはそれを引き受け、映画の世界に飛び込みました。(6)

コールが映画界に入った時期は、ブラックトンの『幽霊ホテル』がフランスで公開された時期と一

図2 『ファンタスマゴリー』（1908年）

致しています。当時の映画人たちは、このアメリカのフィルム『幽霊ホテル』のテクニックを知ろうと躍起になり、コールは研究し、それを知ることができました。そして彼はわずか二、三ヶ月でフランス初の（映画として記録に残る）アニメーション『ファンタスマゴリー』Fantasmagorie（一九〇八【図2】）を制作します[7]。

この作品はブラックトンのものとは質的に大きな違いがありました。ブラックトンは、最初に自分自身が画面に登場し絵を描きました。現実世界のなかにアニメーションを登場させていたのです。つまり、実写映画の中の不思議（特殊効果）としてアニメーションを使用しました。しかしコールはアニメーションをグラフィック（絵）の世界だけで描き、現実の人間とは関係のない独立したキャラクターとして登場させたのです。

『ファンタスマゴリー』は四分ほどの作品で、八月一七日、ジムナーズ劇場で公開されます。観客はこの新しい見世物に拍手喝采し、プロデューサーたちは殺到し、コールに新作を依頼しました。コールは作画と撮影だけに専念できたわけではなく、現像やプリントにも携わっていました。最初はフランスで、次にアメリカに招かれ、一九一四年三月、第一次世界大戦の開戦三ヶ月前にコールはパリに戻ります。彼は一九二三年まで制作を続け、三〇〇本以上の短編を制作しました。[8]

アメリカでコールは自分の技術を誰にも教えなかった。その頃、アニメーションはすでに一般的で、少し前から流行もしていた。アメリカ人スタッフが、コールのアニメーション制作の技術を自分のものにしようとした可能性は否定できないが、それを証明することは不可能である。ただ確実に言えることは、ライバルたちの技術を研究することは形成期では当然のことなのである。[9]

アニメーション史家のベンダッツィはこのように述べており、コールの技術が本人からアメリカ人スタッフに伝わった事実は確認できないとしたうえで、その技術をスタッフが（盗用に近い形で）研究することは、初期の新しい技術に対するスタンスとして、当然にありえたことではないかと推測しています。つまり、コール本人の意思ではないにせよ、技術の継承があったようです。

アニメーション史におけるエミール・コールの大きな業績は二つ考えられます。

一つは、ブラックトンが実写映画の一部として描いたアニメーションをグラフィックのみの世界へ戻したことです。もちろん、これはレイノーが目指し、創り上げたアニメーションへの回帰であったかもしれません。しかし、実際には映画の誕生以降のアニメーションは、実写映画全体の中の一部として、「絵が動く不思議さ、面白さ」を見せるために描かれていました。コールはこれをもう一度、純粋にグラフィックだけの世界へ戻したのです。[10] もし、アニメーションが実写映画の一部としてでしか描かれなかったとしたら、アニメーションは独立した芸術にはなれなかったかもしれません。

二つめは、単純ですが、グラフィックの密度よりも動きを重視し、豊かな想像力でそれを表現したことです。「アニメーションの生命は動き」です。一枚一枚の絵の完成度より、動きの素晴らしさこそが、芸術としてのアニメーションの大きな魅力なのです。コールは絵を簡略化して後者を選びました。しかし、ベンダッツィは以下のように考えています。

> 彼のフィルムはユーモアとコメディが緊密につながれている。（中略）この楽しさが彼の稚拙な絵の中に響き渡っている。コールが絵を簡略化したのは、絵に動きを与えるため作画する線をシンプルにする必要があったからである。いくら必要に迫られたからといって、芸術家というものは普通こういうことはなかなかできない(11)。

歴史家であるベンダッツィは、単純に密度ある絵のほうが簡略化された絵より（芸術的に）素晴らしいことだと考えたのかもしれません。しかし、「アニメーションは動き」なのです。動きの芸術です。密度ある、あるいは描き込まれた絵は、実は動きを表現する上では、マイナスに働くことがあります。密度が高く線が多いキャラクターが走り跳ぶ絵と、シンプルに描かれたキャラクターが走り跳ぶ絵とを比較したとき、静止画のクオリティだけではなく、動きを重要視する芸術であるアニメーションでは、後者のほうが優れている場合があります。

動きを表現する芸術において、簡略化された絵がそうでない絵に劣るという考え方は間違いでしょう。動きを表現するには、それに向いた絵があり、優れたカリカチュア画家であったコールは、それを理解し、アニメーションを表現するために、一枚の絵の密度よりも、多くの簡略化された絵を選んだのだと推測できるのです。

——アニメーションという芸術形態で何を求めるのか。

求めるものが完成された一枚の絵なのか、動きの面白さや躍動感なのか、求めるものが何かで表現手法は違います。コールは正しい選択をしたのでしょう。

歴史的な意味においては、エミール・レイノーがアニメーションの創始者でしょう。しかし、残念ながらレイノーの業績を引き継ぐものは現れませんでした。ジェームズ・スチュアート・ブラックトンは実写映画の一部としてアニメーションを制作し、映画という媒体に初めてアニメーションを記録しました。そしてエミール・コールが、グラフィックだけの世界でアニメーションを構築し、その後多くの亜流、類似作品など、(後継者たちの一方的な追随ではあるのですが)コールの技術が継承されました。それら複合的な意味から考察すれば、エミール・コールを最初のアニメーターと呼んでも差し支えないのかもしれません。

アニメーション史において、その始まりとされる重要な年号は以下の三つだと考えられます。一八九二年のエミール・レイノーのテアトル・オプティークの上映、一九〇六年のジェームズ・スチュワート・ブラックトンの『愉快な百面相』、そして一九〇八年のエミール・コールの『ファンタスマゴリー』です。そのなかで特に『ファンタスマゴリー』は、ほぼ全編がグラフィック映像で撮影されたという意味で重要です[12]。

2 アニメーションの渡来

エジソンがキネトスコープを発明した三年後、一八九六（明治二九）年一一月、それは日本に伝来し、神戸の旅館で上映されました。興行主であった鉄砲商の高橋信治は、このために小松宮殿下をはじめとする皇族の高覧を求め、同月二五日からは神戸で一般公開されます[13]。

翌年二月には、リュミエール兄弟のシネマトグラフが輸入業者の稲畑勝太郎の手によって大阪で公開されます。このときにはパリからカメラマンが随行し、京都で歌舞伎役者などを撮影して帰国しています[14]。

映画は公開とともに大変な人気を呼び、外国作品の輸入とともに自分たちも映画を作ろうという会社が次々に現れます。それが吉沢商店であり、横田商会、エム・パテイー、福宝堂です。この四社は一九一二（明治四五）年に合同して「日活（日本活動写真株式会社）」を設立し、やがて一九一四（大正三）年に、日活のなかの一部の人が分かれて「天活（天然色活動写真株式会社）」を創立することになります[15]。

図3　『ニッパールの変形』（1911年）

ブラックトンやコールがアニメーションを制作した一九〇六〜〇八年、日本は明治三九〜四一年にあたります。一九一二（明治四五）年四月一五日、浅草・帝国館で「動画映画」が上映されました。アメリカ・パテ社の『ニッパールの変形』（原題は「鬼火の冒険〔Les Exploits de Feu Follet〕」一九一一【図3】）です。[16]長い間作者不詳でしたが、二〇一二年一二月、ドイツのアニメ研究家フレデリック・リッテン（一九六四〜）により、この作品もエミール・コールの作品であると判明します。[17]手描きと切り絵を組み合わせたコマ撮りアニメーションですが、これが日本で最初に一般公開されたアニメーションでした。

翌年から、福宝堂が続々と「ファントーシュ」と呼ばれる主人公が活躍するコールの「漫画映画」を輸入し、爆発的な人気を呼びます。これらは全て『凸坊新画帳・探検の巻』『凸坊新画帳・魔術の巻』などと、全てに『凸坊新画帳』という邦題を付けられ、『凸坊新画帳』といえば、「漫画映画」の代名詞のようになります。[18]

当時の人々にとって、「映画の中の漫画が動く」ということは驚異だったようです。そして外国の「漫画映画」の人気は、日本人にも、「自分たちでも作ってみよう」という気持ちを起こさせました。つまり、日本人にアニメーション制作を促したのは、この『凸坊新画帳』でした。[19]

こうして、日本で最初のアニメーション作家を志した人々に、下川凹天《しもかわへこてん》や北山清太郎《きたやませいたろう》、幸内純一《こううちじゅんいち》がいました。彼ら三人は、いずれも自身が「日本の動画映画の創始者である」と言っています。三人がアニメーションを手掛けた時期はほとんど同じですし、師と呼べる存在を持たない彼らは、互いに独自の方法でアニメーションを制作したため、この三人が共に日本のアニメーションの創始者と呼ばれるようです。[20]

3　恐竜ガーティ

日本でこの新たな芸術であるアニメーション制作がはじまる頃、アニメーション先進国では、既にこれを産業として成立させる道を歩みはじめていました。最初、アニメーションの先駆者たちの多くはヨーロッパ人でした。アニメーションと映画の芸術的な位置関係はともかく、実際にアニメーションと映画は切り離すことができない関係となります。それは第一に同じメディア、つまりセル・フィルム、あるいは写真フィルムを使うためです。そのセル・フィルムを使う映画業界が最初に発達したのが北米です。

北米で、芸術としてのアニメーションは、まずウィンザー・マッケイ（一八七一～一九三四）によって行われます。マッケイはアメリカのアニメーション映画（ここでは、単にアニメーションではなく、

図4　『リトル・ニモ』

映画の一ジャンルとしてのアニメーションを指す）の創始者と呼べる人物です。[21]

マッケイは、ミシガン州で生まれ、一七歳のときにサーカス団の巡業に加わり、ポスターや看板を描く仕事に従事しました。その才能が認められ、『シンシナティ・タイムズ・スター』誌のスタッフ画家に雇われ、一九〇三年には新聞王ジェームズ・ゴードン・ベネット（一八四一〜一九一八）に呼ばれニューヨークに出ます。[22]

図4を見てもわかるとおり、マッケイは才能ゆたかな画家でした。彼の漫画『夢の国のリトル・ニモ』Little Nemo in Slumberland は一九〇五年一〇月一五日から『ニューヨーク・ヘラルド』紙に連載され、現在でもコミック・ストリップの最高傑作の一つであると評価されています。[23]

マッケイがアニメーションを作り始めたのは、自分自身がヴォードヴィルの舞台に立つ出し物のためでした。彼の出し物は「チョーク・トーク」で、客の似顔絵を描いたり、顔に少しずつ描き足して年をとらせたりするパフォーマンスです。一一年間に渡る巡業活動は成功し、その間も漫画やイラス

図5 『恐竜ガーティ』(1914年)

トの活動を止めることはありませんでした。その活動中、漫画家仲間との賭けのため、数千枚の原画を休みなく描き続け、一九一〇年に『リトル・ニモ』を撮影しました[24]。

一九一一年四月一二日からこれをヴォードヴィルの出し物に加え、同時に映画館でも上映されます。『リトル・ニモ』は、ほとんどワン・シークエンスのイメージで、筋も背景もありません。しかし翌年の『蚊はどのように活動するか』How a Mosquito Operates は、シニカルでユーモアを持った作品になりました。そして一九一四年二月八日、シカゴのパレス・シアターで、最高傑作『恐竜ガーティ』Gertie the Dinosaur【図5】が公開されます[25]。

これは一人の調教師と恐竜の今までにない見世物でした。この巨大な生物は果物を食いつくし、湖を飲み干し、マンモスと遊び、マッケイの命令でダンスをしました。マッケイのパフォーマンスも素晴らしく、これを伝える唯一の人物であるエミール・コールが、アメリカからの手紙で次のように記しています。「主役は、いえむしろ独演するのは前世紀の生物です…スクリーンの前では鞭を持ったマッケイが上品に立っています。彼は短いセリフの後、調教師のようにスクリーンに向かいこの動物を呼びます。〔ガーティは〕岩陰から姿を現し、この瞬間、最高のショーが始まるのです……」[26]。

マッケイが連載していた新聞社が『恐竜ガーティ』のショーに対して独占権を主張し、争いを避けるため、彼はその見世物をニューヨークだけに限定し、その後やめてしまいます。マッケイの次の作品は『ルシタニア号の沈没』The Sinking of the Lusitania（一九一八）です[27]。

これは一九一五年五月に、イギリス船ルシタニア号がドイツの潜水艦に撃沈された事件に基づいて作られました。死者一一九八名の中には一二四名のアメリカ市民が含まれ、世論は沸騰し、アメリカが第一次世界大戦に参戦することになる契機になります。そのドキュメンタリータッチの迫力ある映像はドラマチックに人々の心に訴えたのです[28]。

その後、マッケイは息子のロバートと何本かの作品を作った後、一九三四年に亡くなるまで、漫画とイラストしか制作しなくなります。しかし、彼は自分自身が終生アニメーターであることを誇り、一九二〇年代にニューヨークのアニメーターたちと食事をしたときに次のように言ったと伝えられています[29]。

アニメーションは芸術であるべきです、そう私は信じていました。しかし、あなたがたはそれを商売の道具にしてしまったのです…芸術でなく商売に…残念です[30]。

一九一〇年以降、北米各地でアニメーションのパイオニアが次々と登場します。しかし、組織化されることはなく、ニューヨークがアニメーションの中心地となり、多くの繁盛したスタジオが立ち並ぶようになります。これらのスタジオでは芸術性ではなく、作業の合理化と産業化が追求されていったのです。

4 日本のアニメーション、三人の創始者

下川凹天（または、しもかわおうてん。本名・貞矩《さだのり》、一八九二〜一九七三）は、明治二五年、沖縄県宮古島で生まれました。小学校卒業とともに、日本で最初の職業漫画家・北澤楽天《きたざわらくてん》(31)（本名・保次、一八七六〜一九五五）の門下生となり、明治三八年に楽天が創刊した初の漫画専門雑誌『東京パック』に籍を置き、風刺漫画を描き始めます(32)。

一九一六（大正五）年、天活は『凸坊新画帳』の人気に注目し、漫画映画の制作を決め、その制作者に楽天から下川が推薦されたのです。当時二五歳の下川は破格の報酬と初めての仕事に挑戦する熱意で、天活からの申し出を引き受け、仕事に取り掛かります。しかし、アニメーションに対して何の知識も持たなかった下川は、独学で創作を始めるしかありませんでした(33)。彼はその当時のことを『映画評論』（昭和九年七月号）で、以下のように語っています。

漫画映画即ち其頃の『凸坊新画帳』は日本で其前に誰もやった話を訊かないところをみると私が一番最初だったかもしれない。〔中略〕外国の事情を知る由もなし、止むを得ず総て自分一人で考えて行う事にした。最初は神田錦輝館前に在る天活工場に通ひ撮影技師を前に立たせて黒板に白黒で一々描いたものです。〔中略、不便なので次に〕背景を三種類位印刷して置き人間や動物は其上へブッつけに描く事にしました。そして人間の居る部分だけ背景をホワイトで消していくといふ方法です。(34)

下川は、ブラックトンが行ったチョーク・トークから、アメリカのウィンザー・マッケイが『恐竜ガーティ』(一九一四)で行った手法(印刷した背景にキャラクターを描き動かす方法)——ペーパー・アニメーション——へ独自にたどり着いたようです。

苦心の末にできあがった作品が一九一七(大正六)年一月頃に完成した『芋川椋三 玄関番の巻』です。下川は一年半ほど天活に所属して、作品作りと撮影法の研究をしましたが、眼を痛め、この仕事から手を引きます。その後は新聞漫画で活躍し、一九七三(昭和四八)年、八一歳で没しました。(35)

幸内純一は(一八八六～一九七〇)明治一九年、岡山県で生まれました。一八歳のときに絵画を志して太平洋画会などで学び、二一歳で東京パック社に入社します。下川凹天より六歳年長の彼は、凹天と同じ北澤楽天の門下生でした。一九一六(大正五)年、彼は下川と前後して興行師・小林喜三郎の小林商会から漫画映画制作の依頼を受けます。下川と同様に初めての仕事に意欲を持ち、制作を開始しました(36)。

その第一作が『なまくら刀(37)』(一九一七【図6】)です。これを『塙凹内新刀《はなわへこないしんとう》の巻』(または『塙凹内名刀の巻』)と改題して帝国館で封切ると、評判が非常に良かったといわれています(38)。

幸内は、その後いくつかの作品を発表しますが、小林商会が経営難に陥り、漫画映画作りは中止されます。幸内はしばらく職場を変えて政治漫画を描いていましたが、一九二三(大正一二)年、再びスミカズ映画製作会社を設立して漫画映画の世界に戻ります。新聞社勤めの頃、幸内は『アルス』という雑誌に「写真講話」を連載し、それを読んだ大藤信郎が映画制作を決意し、幸内に弟子入りしています。幸内純一は一九七〇(昭和四五)年、八四歳で没しました(39)。

図6 『なまくら刀』(1917年)

北山清太郎(一八八八~一九四五)は、東京で洋画研究のかたわら美術雑誌『現代の洋画』を発行していました。前のふたりと違い、漫画映画に興味を持った北山本人が、自ら日活へ制作の話を持ち込み、受け入れられたようです。一九一六(大正五)年、向島撮影所で制作が開始されました。当初は失敗の連続でしたが、翌年に最初の作品が完成します。この第一回作品『猿蟹合戦』は浅草の電

気館で上映されます。その後『桃太郎』『一寸法師』『花咲爺』などの昔話や新しい童話を日活で制作しました。(40)

この漫画映画に逓信《ていしん》省の貯金局が目をつけ、貯金増進の宣伝にと北山に依頼して作られたのが、『貯金のすすめ』(一九一七)です。その後、北山は日活から独立し、一九二一(大正一〇)年に、日本初のアニメーション専門スタジオである北山映画製作所を設立し、娯楽作品や教育作品などを制作することになります。(41)

当時、北山の下には日活時代からの人を含めて、峯田弘、山本善次郎(後の山本早苗、早苗は雅号)、山川国雄、金井喜一郎(木一路)、石川隆弘、橋口寿らの弟子がいました。

ここでの制作方法は、白紙一枚一枚に動画を描き、それに背景も一緒に描く「推稿法」または「稿画式」といったひどく手間のかかる原始的な手法がとられていました。そうして描いた絵を一枚一枚コマ撮りしていったのです。北山は一九二三(大正一二)年の関東大震災で被害を受けたのを機に、関西の大毎キネマニュース(大阪毎日新聞映画部)に所属を変え、アニメーション制作から離れます。そして北山は一九四五(昭和二〇)年、大阪で亡くなりました。(42)

一九一六(大正五)年に誕生した日本のアニメーションでしたが、当時その呼称はさまざまでした。一般的には「線画映画」という言葉が最も多く使われていたようですが、「カートン・コメディ」という言葉を使う人もいました。(43)

当時「漫画」という言葉自体も一般的ではなく、一八九九（明治三二）年に北澤楽天が時事新報社に入り、日曜付録で「時事漫画」と使用したのが、近代における「漫画」という言葉の最初です。一九二一（大正一〇）年の文部省推薦映画制度における映画の分類では、「劇映画」「実写映画（いわゆる記録映画）」「漫画または線画映画」と分類されていますから、この頃になると「漫画映画」という言葉が一般的になってきたのでしょう。(44)

「動画」という言葉を最初に使用したのは政岡憲三《まさおかけんぞう》で、一九三七（昭和一二）年に京都で政岡が「日本動画協会」を設立したことがはじまりです。一九六五（昭和四〇）年ごろから「動画映画」と「アニメーション・フィルム」という言葉が主流を占めてきて、現在の「アニメ」へとつながってきます。(45)

政岡や北山の弟子の山本早苗は後年、東映動画（現・東映アニメーション）の創業にもかかわってきます。下川凹天、北山清太郎、幸内純一の三人で始まった日本のアニメーションでしたが、それらは次の世代へとつながっていったのです。

5　第二世代のアニメーション作家とトーキーの時代

一九二三（大正一二）年九月一日の関東大震災は、神奈川・東京を中心に千葉から静岡沿岸部に甚大な被害をもたらしました。映画業界も同様です。その後の復興のなかで、一九二五（大正一四）年に山本早苗（一八九八〜一九八一）が北山漫画映画製作所から独立して、山本漫画映画製作所を設立します。独立して最初の作品は『姥捨山《うばすてやま》』（一九二五）です[46]。

山本はこの作品で水彩画的な背景を描き、批評家から「あたかも芝居の人形振りを映画化せるの観がある〝特殊映画〟なり」と評価されます。これを『日本アニメーション映画史』の渡辺泰が「人形振りのようだ」と言うのは果たしてほめ言葉なのかどうか、とシニカルに受け止めていますが、これは、それまでの書割的な背景から一段階上がった作品世界を構築したことへの賛辞だと受け止められます。書割的でない水彩画背景は、自然な世界観を観客に与え、その手前で動くキャラクターたちの動きをリアルに感じさせたのでしょう[47]。

山本は同年に文部省の依頼で『蛮』を、翌年に『病毒の伝播』を制作し、以降、文部省の教育アニメーションや官庁のPRアニメーションを次々と制作し、ひとつのビジネス・モデルを確立しました。第二次世界大戦直後の一九四五年一〇月、関東を中心にアニメーターを集め、新日本動画社を設立しましたが、やがて仕事がなくなり解散します。後の日本動画社（一九五二年、日動と改称）で『すて猫トラちゃん』などを制作しますが、自らが社長を務める日動の負債が拡大し、一九五六（昭和三一）年に身売りをして、この会社が東映動画（現・東映アニメーション）となります[48]。

関東大震災が及ぼした被害によって、映画会社のなかには全く再起不能となり、制作を中止してしまった会社もありますが、反対に震災を機に新しく生まれた映画会社もありました。横浜シネマ商会

図7　左：『漫画　瘤取り』（1929年）　右：『動物オリムピック』（1928年）

です。これは後にヨコシネディーアイエーとなり、創業当時は教育映画や海軍関係の映画を制作していました[49]。

　横浜生まれの村田安司（一八九六〜一九六六）は山本早苗の幼馴染で二歳年上でした。村田は最初、松竹で働いていましたが、震災後、松竹は京都へ本拠地を移します。村田はそれが嫌で横浜シネマ商会に入社し、タイトル描きの仕事をしていました。彼はその傍ら海外のアニメーションの研究をしていましたが、全くの素人で、山本からアニメーションの制作方法を教わろうとしました。しかし、この当時、職能技術は門外不出であり、肝心なところは教えてもらえませんでした。山本の人間性が悪いのではなく、当時としては一般的にあったことです[50]。

　村田はなんとか自力で工夫を加え、一九二六（大正一五）年に第一作『蛸の骨』を完成させます。その後も次々と作品を完成させ、『動物オリムピック』『蛙は蛙』など、教育的な動物ものを数多く手がけ、戦前の最多制作者になります。この背景には、当時の文部省の存在があり、映画に対するさまざまな規制が政府によってなされたと同時に、よい作品を奨励しようと一九二一（大正一〇）年に推薦映画制度が実施されたのです。山本や村田は、教育現場に教育アニメーションを導入しようする政府の政策の恩恵をこうむっていたのでした[51]。

『動物オリムピック』や『漫画　瘤取り』などは、現在見ても村田の卓越した作画力を感じさせます【図7】。

村田がこの『動物オリムピック』を制作した一九二八（昭和三）年、アメリカではディズニーがトーキー・アニメーション『蒸気船ウィリー』【図8】を公開しました。これ以前に「フライシャー」が、一九二四年にトーキー・アニメーション『オールドケンタッキーホーム』などで、既に（部分的に）音声つきのアニメーションを制作していましたが、『蒸気船ウィリー』はサウンド・トラック方式を採用し、「音楽と映像のシンクロ」を全画面にわたって完全に行った初めての映画でした。またミッキーマウスが初登場した作品でもあります[52]。

フライシャー（Fleischer Studios, Inc.）とは、マックスとデイブのフライシャー兄弟が一九二一年に設立したフライシャー・スタジオです。ウォルト・ディズニー・カンパニーに次ぐ成功を収めました。ロトスコープ（人間の動きを撮影し、その動きをトレスしてアニメーション化する装置）を発明したのもマックス・フライシャーでした[53]。

現在では彼らの功績はディズニーに比べ過小評価されていますが、フライシャー兄弟は今日でも世界中に知られる『ベティ・ブープ』『ポパイ』など多くの人気キャラクターを生み出しました。特に、このスタジオは、最初にアニメーションの「中割り」のテクニックを使ったとされています。「中割

図8　『蒸気船ウィリー』（1928年）

り」とは、見習い（現在では動画マン）が、原画と原画の中間のポーズを描く技術です。見習いはアニメーションを勉強でき、ベテラン・アニメーターは原画に集中できる効率の良いシステムでした。このプロセスは現在でもアニメーション業界の標準となっています。当時のフライシャーはディズニーの最も重要な競争相手であり、現在でもアニメーション産業の先駆者であると認識されています[54]。

アニメーションを映像エンターテインメントとしてとらえたとき、「音楽と映像のシンクロ」は非常に優れた特徴の一つです。実写映画にもミュージカル映画というジャンルがあり、音楽と映像（ダンスや歌等）のシンクロを目指す作品はありますが、それは実は非常に情緒的な方法で行っています。

情緒的ということばを良く言えば、感性、あるいは芸術的であり、悪く言えば、曖昧、あるいは感覚的といえるかもしれません。たとえば、音楽に合わせて歌を歌い、ダンスを繰り広げるとき、演者である役者はもちろんそのシーンに合わせて、歌い、躍ります。しかし、それは人間の感覚でのみ行われています。一方、アニメーションの場合は違います。アニメーションでは、音と映像を合わせる作業は感覚ではなく、作業のなかで、音のタイミングと絵のタイミングを目視確認したうえで行います。

図9は前述の『蒸気船ウィリー』の一場面です。今、ミッキーは音楽に合わせて鍋を叩いています。この「音楽に合わせて鍋を叩く」という作業は実写映画での言い方で、アニメーションでは「ひとコマひとコマ、スポッティング・シートに起こされた音に合わせて絵を描いて」いるのです。

スポッティング・シートとは、サウンド（セリフ・音楽・効果音）が入った磁気テープ（シネ・テープ）からひとコマひとコマその音を拾い、その全てを、アニメーションのタイミング・シートに書き起こしたものです。

例えば、図10のようにシネ・テープからタイミング・シートを起こします。×印で小鍋の音が、△印で太鼓の音がサウンド・トラックから記されています。これを見ればアニメーターは、三コマおきに小鍋を叩き、三回叩いた後で樽（太鼓）を叩くのだと解るのです。「タ・タ・タ・ドーン・タ・タ・タ・ドーン」と一秒間二四コマの中で起きる音に合わせて、完璧に（一コマのズレもなく）音楽と映像をシンクロさせることが可能なのです。もちろん、一秒間にこれほどの音数を入れることはありませんが、例えとして提示しました。

図9 『蒸気船ウィリー』

アニメーション、特にディズニー作品では、ひとつの映画のなかに必ずミュージカル・シーンがありますが、これは何も歌をヒットさせようと仕組んでいるのではなく（もちろんそのような一面も否定できませんが）、

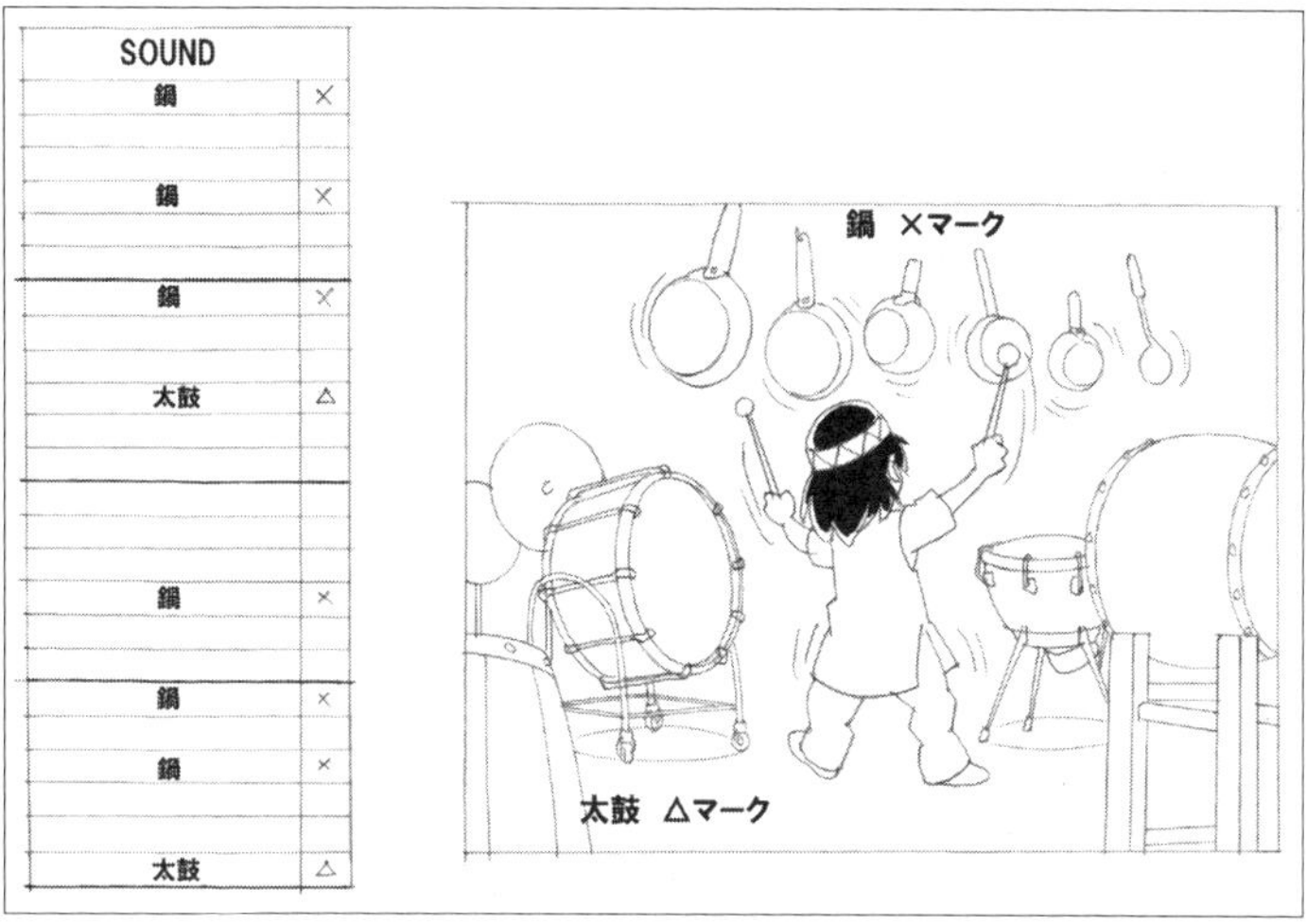

図10　スポッティング・シートの例

本質は、映画におけるアニメーションの優れた特性を最大限に利用するための演出でもあるわけです。ディズニーは最初のミッキーマウスの登場作品から、その特性にいち早く気づき、利用し、大きな効果を得ていたのです。

トーキーによって、ディズニーと日本のアニメーションの技術の差は広がりました。その後、一九三六（昭和一一）年に村田は横浜シネマ商会を退社し、村田映画製作所を設立しますが、アニメーションはほとんど作らなくなりました[55]。

山本早苗が北山映画製作所から独立した翌年（一九二五）に、二六歳になった大藤信郎《おおふじのぶろう》が幸内純一のスタジオから独立し、自由映画研究所を立ち上げました。大藤はそれまでのアニメーションのスタイルに満足できず、折り紙に使われる千代紙を素材とした千代紙アニメーションを制作します。独立した年の第一作が『馬具田城の盗賊』で、その翌年には二作目の『孫悟空物語』を制作します。[56]

千代紙アニメーションは切り絵アニメーションの一種です。日本固有の伝統素材を活かした個性的で芸術的な作品です。大藤は一九二七（昭和二）年に、社名を千代紙映画社と改め、『鯨』を制作しました。この作品は一九五二（昭和二七）年にカラーでリメイク（カラーセロファンを使った影絵アニメーション）され、カンヌ映画祭の短編部門で第二位に入賞します。[57]

一九二七（昭和二）年、ワーナーブラザーズが世界初のトーキー映画『ジャズ・シンガー』を制作・公開します。この作品は全編を通したトーキーではなく、部分的なトーキー映画でした――映画史上最初のセリフは"You ain't heard nothin' yet"（お楽しみはこれからだ）――が、世界中で大ヒットします。日本でも音の出る映画への関心は高まり、一九三一（昭和六）年、全編に音が入った（全編同時録音）トーキー作品『マダムと女房』（五所平之助監督）が松竹蒲田で製作されました。[58]

アニメーション界でもトーキーへの取り組みが始まり、最初に挑戦したのが、大藤です。しかし、大藤が一九二九（昭和四）年に制作した日本初のトーキー・アニメーション『黒ニャゴ』は、レコード式トーキー作品でした。レコード式は前述『蒸気船ウィリー』等のフィルム式とは違い、音はレコードに録音し、フィルムのパンチ穴の合図と同時にレコードを回す方式です。少しでもレコードを回すタイミングがずれれば音と映像はずれます。もっとも完全にレコードを回すタイミングが合ったとしても、フィルムの回るスピードとレコードの回るスピードは微妙に違うため、時間が経てばシンクロできなくなります。フィルム自体に音と映像を記録するフィルム式トーキーに比べれば、原始的であると言わざるを得ません(59)。

大藤はその後も優れた作品を作りつづけ、日本を代表するアニメーション作家になり、一九六一（昭和三六）年に永眠します。その翌年、その大きな功績を認められ毎日映画コンクールに「大藤賞」が制定されます。個性的かつ芸術的なアニメーションに対して贈られる賞で、個人または団体が対象です。第一回の受賞は『ある街角の物語』（手塚治虫）でした(60)。

（1）Giannalberto Bendazzi, *CARTOONS, One hundred years of cinema animation* (John Publishing, UK, 1994), pp.8-9. 山口康男『日本のアニメ全史――世界を制した日本のアニメの奇跡』（テン・ブックス、二〇〇四年）二七―二八頁。
（2）同前。
（3）同前。
（4）Bendazzi, *CARTOONS*, p.8.
（5）Bendazzi, *CARTOONS*, p.9.
（6）同前。

（7）同前。

（8）Bendazzi, *CARTOONS*, pp.9-10.

（9）同前。

（11）Bendazzi, *CARTOONS*, p.11.

（12）土居伸彰『個人的なハーモニー――ノルシュテインと現代アニメーション論』一一二―一一三頁。

（13）四方田犬彦『日本映画史110年』（集英社、二〇一四年）四四頁。

（14）同前。

（15）山口且訓・渡辺泰『日本アニメーション映画史』（有文社、一九七七年）八頁。

（16）同前。

（17）Frederick S. Litten *Animated film in Japan until 1919: Western animation and the beginnings of anime*, (Norderstedt, 2017) pp.31-32.

（18）山口・渡辺、前掲書、八頁。

（19）同前。

（20）同前。

（21）キャヴァリア、前掲書、六二―六四頁。

（22）同前。

（23）Bendazzi, *CARTOONS*, pp.15-19.

（24）同前。

（25）同前。

（26）Bendazzi, *CARTOONS*, p.17.

(27) 山口且訓、前掲書、二八―三〇頁。
(28) 同前。
(29) Bendazzi, *CARTOONS*, pp.15-19.
(30) Bendazzi, *CARTOONS*, p.18.
(31) 北澤楽天は日本で最初の職業漫画家であり、日本の近代漫画の祖とも言われています。漫画家という職業が確立したのは、明治末期に北澤楽天、大正期に岡本一平が活躍してからです。北澤は自身が刊行した『東京パック』明治三十八年六月十日号で「漫画師」という言葉を初めて使いました。「漫画」という言葉は、『北斎漫画』(文化一一年〔一八一四〕)に代表されるように、江戸時代には存在していましたが、北斎自身が「事物をとりとめもなく気の向くまま漫《そぞ》ろに描いた画」と記したように、現代の漫画の意味として使われたわけではありません。中国にはもともと「漫画」という言葉はありませんでしたが、「そぞろかき」あるいは「随筆」を意味する「漫筆」という言葉はあったので、「漫筆→漫筆画→漫画」というように、日本人が派生語として作り出したと、漫画史研究家の清水勲は推測しています。『北斎漫画』にあやかり、『光琳漫画』(文化一四年〔一八一七〕刊)、『滑稽漫画』(文政六年〔一八二三〕刊)、『北雲漫画』(文政期〔一八一八―三〇〕刊)、『漫画独稽古』(天保一〇年〔一八三九〕刊)、『北渓漫画』(天保期〔一八三〇―四四〕刊)、『豊国漫画図会』(安政六年〔一八五九〕版行〔浮世絵大錦判三十枚シリーズ〕)など、日本では「漫画」というタイトルがついた画本類が次々と刊行されています。こうしたことから「漫画」という言葉は〔単体の絵を示すのではなく〕本来絵入りの本のタイトルに用いられる言葉だったと推測できるわけです。そのため、書籍のタイトルからの派生語としてとらえるのが「漫画」の正しい語源だろうと考えられます。清水勲『漫画の歴史』(岩波書店、一九九一年)一五、一七―二一頁。
(32) 山口且訓、前掲書、九頁。

(33) 同前。
(34) 同前。
(35) 同前。
(36) 山口且訓、前掲書、一〇頁。
(37) 二〇〇七年夏に、映像文化史家の松本夏樹が大阪の骨董市で北山清太郎の『浦島太郎』のフィルムと共に売られているのを発見、玩具用の映写機ごと買い取りました。その後デジタル復元され、二〇〇八年四月二四日から東京国立近代美術館フィルムセンターで開催された「発掘された映画たち２００８」で上映されました。[https://www.nfaj.go.jp/ge/wp-content/uploads/sites/2/2015/01/Hakkutsu2018_release0109.pdf]（二〇二二年二月二二日）
(38) 山口且訓、前掲書、一〇頁。
(39) 同前。
(40) 山口且訓、前掲書、一〇―一一頁。山口康男、前掲書、四八―四九頁。
(41) 同前。
(42) 同前。
(43) 山口且訓、前掲書、一一―一三頁。
(44) 同前。
(45) 同前。
(46) 山口且訓、前掲書、一三―一四頁。山口康男、前掲書、五〇頁。
(47) 同前。
(48) 同前。

(49) 山口且訓、前掲書、一四頁。山口康男、前掲書、五一―五二頁。
(50) 同前。
(51) 同前。
(52) キャヴァリア、前掲書、三三、六八―六九頁。
(53) キャヴァリア、前掲書、六六―六九頁。
(54) 同前。
(55) 山口康男、前掲書、五一―五二頁。
(56) 山口康男、前掲書、五二―五三頁。
(57) 同前。
(58) 山口康男、前掲書、五三―五四頁。
(59) 同前。
(60) 同前。

第7章　戦中から戦後

1　セル・アニメーションの時代

これまでみてきたように、アニメーションと映画の芸術的・学術的、あるいは産業的な位置関係に議論の余地はありますが、現実にはアニメーションと映画は切り離すことができない関係となっています。その第一の理由は同じメディア、つまりセル・フィルム（写真・フィルム）を使い発展したためです。

しかし本来、アニメーションの特質は、特定のメディアに依存しない「メディア・インディペンデント」な性質です。アニメーションは映画（写真フィルム媒体）が生まれる以前より存在し、すでに自立していました。これまでフェナキスティスコープやゾートロープ、プラクシノスコープやテアトル・オプティーク等、アニメーションを見るための装置を概観してきました。また、それ以外にも各種のアニメーションが存在します。たとえばフリッカー・ブック（Flicker book）などもアニメーションの一種です。日本ではパラパラ漫画と呼ばれ親しまれています。これは紙媒体になります。

アニメーションの大きな特質は、「媒体を選ばない芸術」であることであり、動画映像として、写真・フィルムやビデオ・テープ、あるいはデジタル・データに記録されたときに、はじめて成立する映画——つまり**「映像として記録することが前提であり、絶対条件である映画」**——とは、この点が根本的に違うところです。


アニメーションは本来、その表現（制作）媒体によっていくつにも分類されます。粘土で制作すれば「クレイ・アニメーション」、切り紙を使えば「切り紙・アニメーション」、人間を使った「ピクシレーション」もあるし、油彩を使った「油彩・アニメーション」と数限りない種類のアニメーションが存在します。

フィルムであれば通常一秒間に二四コマ、その一コマ一コマに独立した映像を作り上げるアニメーションには、膨大な労力（資金と時間）が必要です。ヨーロッパで生まれたこの新しい芸術は世界中に広まり、東欧でも「人形・アニメーション」などの優れたものが作られてきましたし、中国や南米でもアニメーションは制作されてきました。

しかし現在、小規模なアニメーション制作はともかくとして、この膨大な労力を必要とする芸術を、一つの文化として形成し、大きな産業として成功させたのは北米と日本だけでしょう。それを助けた大きな技術的要因が「セル・アニメーション」と「ペグ・システム」の二つです。

前述のように、アニメーションは制作するその素材により多くの種類が存在しますが、種類が多くなるということは、多くの制作技法、手法が存在するということです。技術の種類が多くなればなるほど、それを管理するのが難しくなります。結果、作品づくりは個人個人の能力に依存することになり、当然そこにはクオリティの差が生じてきます。**産業としてこの芸術を成立させる**ためには、この品質の差をいかに埋めるか、つまり、管理をいかに向上させるかということになりました。

一九一四年、セルを使うアニメーションの制作システムをアール・ハード（一八八〇〜一九四〇）が開発し、特許申請しました。マッケイの『恐竜ガーティ』もそうでしたが、この当時は同じ背景を大量に印刷し、その紙に絵を描く方法が主流でした。そのため、初期のアニメーション・スタジオでは、ジョン・ランドルフ・ブレイ（一八七九〜一九七八）が一年間に取った三つの特許（一九一四年一月の「印刷背景の使用」、一九一四年七月の「ハーフトーンの影の応用」、一九一五年七月の「透明なセルに背景を描くこと」）、つまりアニメーション制作方法（または制作システム）に関する特許が主流であり、この手法が彼を業界のリーダーにしていました[1]。

図1はハードの代表作であり、セル・アニメーションで作られた『ボビー・バンプス』シリーズです。まだ音声はなく、セリフはマンガのように吹き出しで書かれました。

ハードの手法は、単なるアニメーションの制作プロセスの選択肢というだけでなく、ブレイの方法よりはるかに重要なものでした。これはセル・アニメーションのシステムそのものであり、紙に背景

図1　『ボビー・バンプス学校へ行く』（1917年）

を描き、その上の透明なセルに、動くキャラクターを何層かに分けて描く現在のアニメーションの制作プロセスです。その後、世界中の商業アニメーションはほとんどこの手法で作られることになります(2)。

しかし、アニメーション産業が発展途上の段階では、ハードの発明の重要度は、まだ明らかではありませんでした。ブレイはこの発明家兼映画作家を雇い、特許のライセンスを売るブレイ＝ハード・パテント・カンパニー（Bray-Hurd Patent Company）のパートナーとして、一九三二年に特許が切れるまで、莫大な使用料を得ることになります(3)。

一九一〇年代のアメリカのアニメーションを特徴づけるのは、作品の質ではなく、道具や技術的プロセスの開発・発展でした。ハードがセル・アニメーションを発明した一九一四年、新聞の連載漫画家で画家のフランス系カナダ人のラウル・バレ（一八七四〜一九三二）と同僚のビル・ノーラン（一八九四〜一九五四）がニューヨークで世界初の商業アニメーション・スタジオを開設します。二人はスタジオ開設以前にも旧式の方法でアニメーションを作っていました(4)。

アニメーションにおいて、多くの原画となる絵をズレないように重ねることは、キャラクターの動きがぶれないために非常に重要なことであり、大きな関

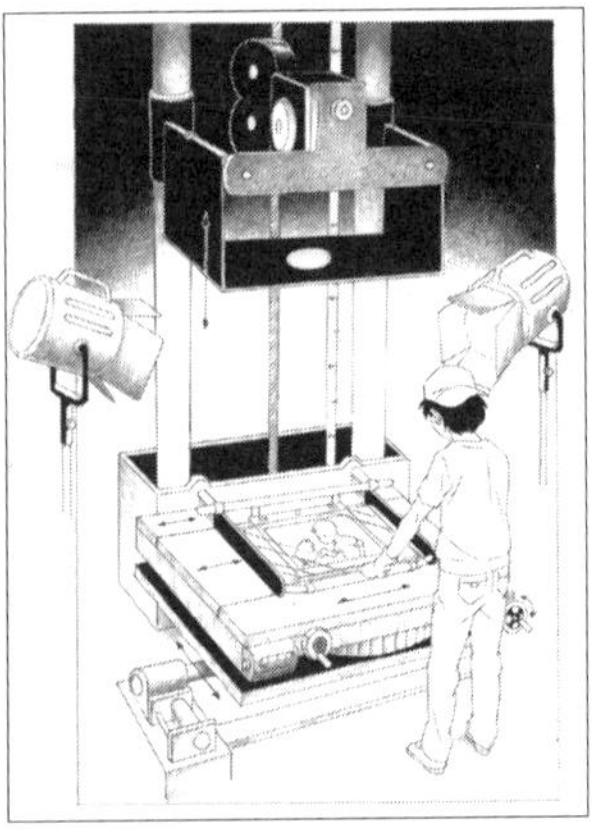

図２　アニメーション撮影台図解

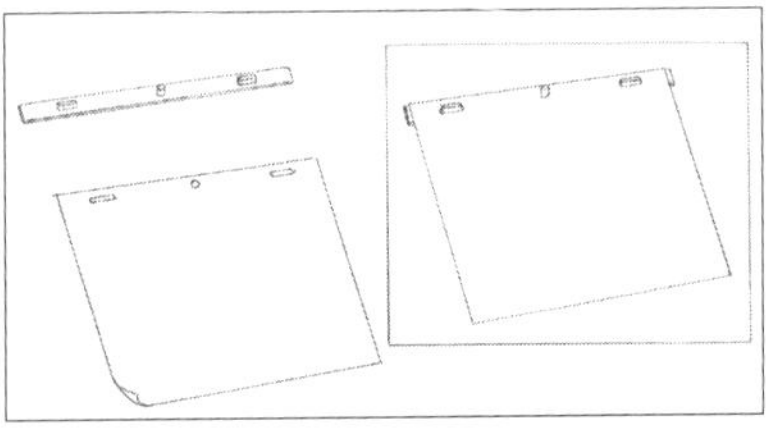

タップ（PEG BAR）

撮影台のアップ、横移動の構造

心事でした。バレは、その後世界中のアニメーターが使うことになる複数の原画のズレを防ぐペグ・システムを開発します（日本ではペグ〔peg bar〕ではなく、タップと呼びます。名前だけでなく、使用方法にも差があります）。この方法で、原画はアニメーターの指示する順番通りの完璧な動きを再現し、パラパラ漫画のように自由に前後の絵を確認できるようになったのです。(5)

一九一三年、ノーランもまた現代でも使われる重要なテクニックを開発します。それは実写映画で言うドリーショット（移動撮影）にあたります。英語ではBG PANと呼び、日本ではフォロー（Follow）と呼ばれる技術です。キャラクターはその場にとどまっていますが、背景が移動するために、キャラクター自身が動いて見えるのです。(6)

セルとタップ（peg bar）の発明により、一個人の才能と努力――個人制作の芸術――で作られたアニメーションは、集団制作の芸術であり産業へと発展していきます。

図2下の撮影台を見てください。カメラマンが抑えているガラス板の下に木製の撮影台（線画台）があり、左右横方向に移動可能であることがわかります。つまり、左右に長い背景、あるいはエンドレスになるような背景を用意すれば、キャラクターは横方向に無限に移動できます。しかし、手前に来たり、奥に行くためには、作画によるアニメート（動画化）が必要になるのです。

2　政岡憲三

政岡憲三（一八九八～一九八八）は大藤信郎より二歳年長ですが、アニメーション業界に入るのは大藤よりも遅く、三〇歳を過ぎてからでした。京都市立美術工芸学校（現・京都市立芸術大学）を卒業後、一九二五（大正一四）年に実写映画の世界に入り、牧野省三のマキノ映画で時代考証や美術製作を行っていました。一九〇八（明治四一）年に『本能寺合戦』を監督した牧野は、日本で初めての職業的映画監督です。政岡はその後、日活教育映画部へ入りますが、すぐに廃部になります。そこでアニメーションに興味を持った政岡は、日活の援助を受けて独立し、第一作『難船ス物語《ナンセンスモノガタリ》　第一篇猿ヶ島』を一九三一（昭和六）年に制作します。(7)

観客の反応は良く、翌年、京都に政岡映画製作所を設立し、日本初のトーキーアニメ『力と女の世の中』を作ります。前年に松竹蒲田撮影所が製作した、実写映画で日本初の本格的トーキー作品の『マダムと女房』が好評だったため、松竹蒲田撮影所長の城戸四郎を動かしたのです。この『力と女の世の中』はトーキーであること以外に、もう一つ画期的な要素を持っていました。(8)

それは一部にセルを使用したことです。セル自体は一九二八（昭和三）年ごろから使われ始めましたが、切りぬくのに困難な蜘蛛の巣や、水をホースで撒くシーンなど、特殊な場面で限定的に使われていました。当時は非常に高価なものだったのです。(9)

図3　『くもとちゅうりっぷ』（1943年）

しかし、政岡は漫画映画に関して、次のように考えていました。

ボクは興業映画、一筋に生きてきた男です。（中略）観客がお金を払ってでもみてくれる漫画映画でなければならない。運がよければ劇場上映をもねらうという製作者の心持ちなど、もってのほか。[10]

政岡の完全主義と商業作品にかける情熱――プロフェッショナルの意識――が、一部にせよ、高価なセル・アニメーションの実現へと導いたのでした。アール・ハードがそのシステムを開発してから一八年後のことです。

政岡は日本が太平洋戦争に突入した時代にもアニメーションを作り続け、一九四三（昭和一八）年に日本で初めてのフル・セル・アニメーション『くもとちゅうりっぷ』【図3】を制作公開します。横山美智子の童話集に収められている話を脚色し、自ら監督・撮影をします。現在でも評価の高いこの作品を、漫画家の松本零士は戦時中、五歳の時に観て感動し、その同じ映画館で同じ時間に手塚治虫も観ていたと後に知ることになります。[11]

『くもとちゅうりっぷ』は単純明快な勧善懲悪で詩情豊かな物語で、蜘蛛の糸や雨など、セル・アニメーションならではの特性を生かした技術的にも優れた作品です。しかし、当時の政府は「大東亜共栄圏の構築を標榜する上で好ましくない作品」として嫌悪感を示したといわれます。作品の優秀さよりも「時局に合わぬ」という理由から文部省推薦を得られませんでした。ほとんどのアニメーション作家たちは国家総動員体制が強化されるなかで、それに協力せざるを得ない状況に追い込まれていたのです(12)。

3 瀬尾光世

大正末期に始まった日本の社会主義思想運動は映画や演劇面でも活発で、日本プロレタリア映画同盟（プロキノ）を結成することになりました。プロキノは「プロレタリア映画の制作と確立」や「プロレタリア映画を農村へ工場へ」というスローガンのもとに、思想PR映画制作に力を入れていました。一般映画に加えて影絵映画や動画映画も制作しましたが、治安維持法などのもとで、厳しい弾圧を受け、徐々に衰え始めます(13)。

瀬尾光世《せおみつよ》（一九一一〜二〇一〇）は、本名を徳一といい、一九三〇（昭和五）年、画家を志して上京し、プロキノで非合法にアニメーションを制作していました。しかし、官憲の弾圧を逃れて、一九三二（昭和七）年に政岡憲三に雇用してもらいます。瀬尾は政岡とは面識がありませんでしたが、上京中の政岡に弟子入りを頼み、承諾されたのです(14)。

図4 『桃太郎　海の神兵』(1945年)

当時、政岡は『力と女の世の中』の制作準備中で、瀬尾は運よく日本初のトーキー・アニメーション制作に関わることができました。政岡の下で修業を積んだ瀬尾は一九三三(昭和八)年に独立し、翌年『お猿三吉・防空戦の巻』を完成させます。その後、技術の高かった瀬尾はチャンスに恵まれ、『のらくろ』シリーズなどを制作します。一九四三(昭和一八)年海軍省から依頼を受け、日本初の長編漫画映画とも呼ばれる『桃太郎の海鷲』を完成させます。これは三七分の作品であり、この尺を長編映画と呼ぶかどうかは、意見が分かれるところですが、作品自体は日本の真珠湾攻撃を題材にした物語で大ヒットしました[15]。

瀬尾は、続いて戦前最大の大作である『桃太郎　海の神兵』【図4】を制作しました。同様に海軍省からの委託作品で、パレンバン空挺部隊を題材にした白黒の作品です。これは七四分の文句なしの長編映画といえるものです[16]。

日本のアニメーション史上初めて、五〇人もの陣容でスタートした制作スタッフでしたが、最後には半数の二五人になっていました。男は出征、女は徴用に駆り出されてしまったからです。一九四五年三月一〇日の東京大空襲で本所、深川などの江東地区は全滅し、封切りは一ヶ月間見送られ、四月一二日になりました。しかし、観衆はほとんどいませんでした。見てくれるはずの児童は学童疎開し、都会にはいませんでした。東京などの主要都市は大空襲を受け、焼け野原になっていたからです[17]。

『桃太郎　海の神兵』は戦意高揚を目的に作られたプロパガンダ作品です。しかし、このような軍国的作品を作ったのは瀬尾光世ひとりだけではなく、政岡憲三も『桃太郎　海の神兵』で影絵を担当しましたし、大藤信郎は『海の荒鷲』（一九三九）、山本早苗は『スパイ撃滅』（一九四二）を制作しています。戦意高揚作品以外に、フィルム供給が得られない状況でもあったのです[18]。

当時、大阪で『桃太郎　海の神兵』を見た手塚治虫（一九二八～一九八九）は、以下のように記しています。

ぼくは焼け残った松竹座の、ひえびえとした客席でこれを観た。観ていて泣けてしようがなかった。感激のあまり涙が出てしまったのである。全編に溢れた叙情性と童心が、希望も夢も消えてミイラのようになってしまったぼくの心を、暖かい光で照らしてくれたのだ。

「俺は漫画映画をつくるぞ」

と、ぼくは誓った[19]。

一九二三（大正一二）年の関東大震災から第二次世界大戦と敗戦、二〇年あまりの間に、日本は壊滅的打撃を受けましたが、アニメーション界には次代の芽が誕生していました。手塚はこの時、「必ず将来、アニメーションを作る」と強く決意したのです。

4　戦前・戦中のウォルト・ディズニー

瀬尾光世は政岡憲三に師事しアニメーション制作を始め、戦前・戦中には、大作の国産アニメーションを制作しました。もちろんそれは時勢による軍主導の国策プロパガンダ映画です。こうしたプロパガンダ映画を作ったことによって、戦後、瀬尾は強く批判されます。しかし、このように戦争の影響を受けたのは日本のアニメーション関係者だけではありません。

アメリカも同様で、戦時中、ディズニースタジオもさまざまなアニメーションを制作し、戦争に貢献していました。航空機製造要員の育成教材、新兵を訓練するための教材、大衆を啓蒙するためのアニメーションをさかんに制作しました。ウォルト・ディズニー（一九〇一～一九六六）自身は第一次世界大戦の時に、年齢を偽ってまで戦争に参加したほどの愛国者でした[20]。

ディズニーの場合は、軍や国の命令ではなく、自らの意思で自ら制作費を出し、プロパガンダ映画を制作しています。それが『空軍力の勝利』Victory Through Air Power（一九四三【図5】）です。これはアニメーションと実写を合わせて作られた六五分の映画です。一九四二年の春にセルヴェルスキー少佐によって出版された本が原作で、戦略爆撃で敵国（ドイツ、日本）を倒そうと訴えるものです。『空軍力の勝利』の最後のアニメーションのシークェンスは、爆撃機が日本の一般都市や工場を

図5　『空軍力の勝利』（1943年）

破壊し、日本の力を根こそぎにして、勝者であるアメリカの象徴（巨大なワシ）が、地球儀の上にとまり、勝利を謳歌する、という内容です[21]。

アニメーションとしてのクオリティは高いと言っていいでしょう。当時は、ウォルト・ディズニーの画期的な長編映画と喧伝され、「映画史で最も革新的で最も大きな収穫となった作品」と折り込み広告で褒めそやされた映画ですが、一方で『ニューヨーク・ヘラルド・トリビューン』のハワード・バーンズが控え目に次のように述べています[22]。

> 技術的な見地から言って、グラフィックの出来映えには文句のつけどころがない。ただし、この映画のイデオロギー色の強い内容についてはためらいを感じてしまう[23]。

全ての人々が戦争によって、何らかの影響を受けました。日本でもアメリカでもその他の国でも。『アニメとプロパガンダ』の著者セバスチャン・ロファは次のように言います。

> 日本のアニメ作家は政府から強いられたアニメを制作するより他に選択

肢がなかった。アメリカ人は非常に早くからアニメの芸術を使いこなしており、第二次世界大戦が勃発したとき、すべての国がアメリカの水準に到達しようとした。アメリカのアニメ作家たちの仕事はすばやく、制作基盤がすでに整備されていた。にもかかわらず、カートゥーンは今起きていることからかなり離れたものしか扱うことができなかった。〔中略〕すべての参戦国に共通する重大事で類すべきことがもう一つある。それは、作画家たちは戦闘に加わったのではなく、戦争映画を作るために徴用されたということだ。彼らは政府全体から、武器を手にするより絵を描いている方が有益だとみなされたのである。(24)

第一次世界大戦はヨーロッパ各国の勢力争いがきっかけとなりました。第二次世界大戦は、一九二九年に「世界恐慌」が起こり、各国で不況が広がった結果、ドイツなどが自国の経済を立て直そうとしたことが契機となりました。この戦争はまた、イデオロギーの戦争でもありました。自分たちの思想をアニメーションによって伝えようとしたことは、ウォルト・ディズニーにとっても重要な説得方法だったのです。(25)

5　戦後日本のアニメーション

戦争終結からわずか二ヶ月後の一九四五〔昭和二〇〕年一〇月、山本早苗、政岡憲三などが中心と

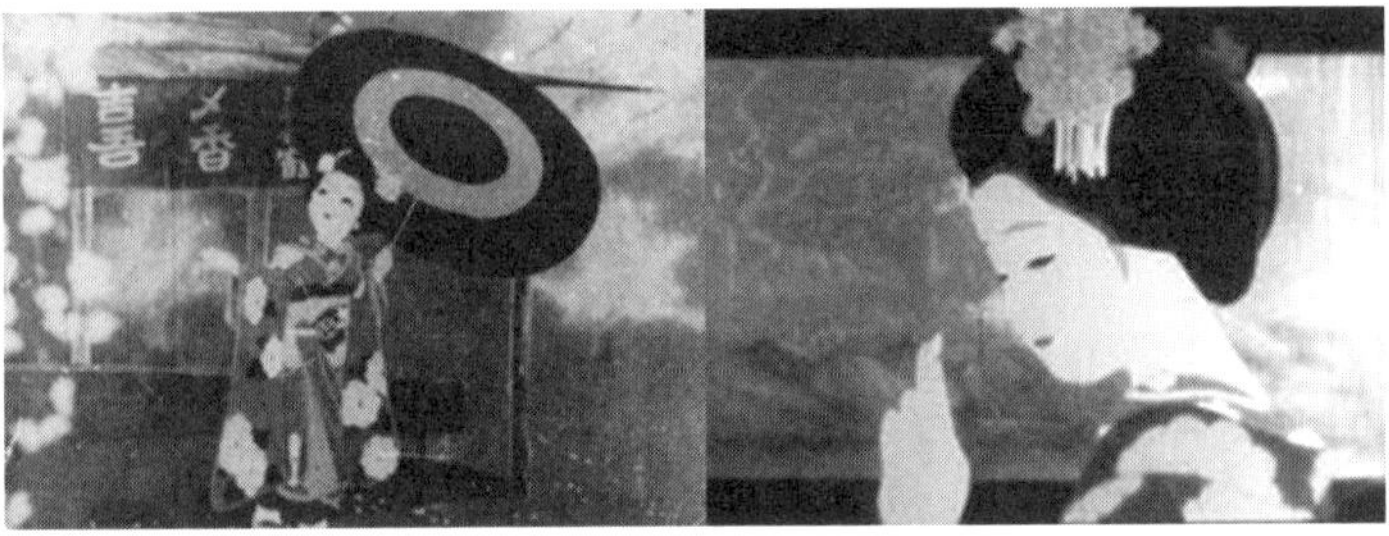

図6　『春の幻想（原題：桜）』（1946年）

なって新日本動画社が設立されました。翌一一月には村田安司や荒井和五郎らが加わり、日本漫画映画株式会社と社名変更します。復員してこないアニメーター、戦災で設備を失ったプロダクション、家族の離散など、戦後の混乱のなかでおよそ一〇〇人ものアニメーターが集まりました[26]。

この一大集結が実現した第一の理由は、アニメーターを監視、統轄しておきたいという占領軍である米国の意向でした。第二の理由は、当のアニメーター側にあり、現実問題として、資本、設備、人手の面で、個人の力では手の下しようがない状態にあったからです[27]。

しかし、結局アニメーターが一同に集まり何をしたかというと、ほとんど何もしなかったというのが実情です。そうしたなかで、ただ一本だけ特筆すべき作品が一九四六（昭和二一）年五月に完成しました。政岡憲三監督による『春の幻想（原題：桜）』【図6】です[28]。

これはフル・アニメーションで描かれた叙情豊かな作品ですが、商業的価値がないと判断され、一般には封切られませんでした。一九四七（昭和二二）年、日本漫画映画社内部で亀裂が起こり、中心人物である山本早苗と政岡憲三が数人の仲間とともに脱退します。残った村田安司や荒井和五郎らは、その後独自の道を歩み数々の作品を制作しますが、新日本動画社を設立した意図は消滅してしまいました(29)。

一〇〇人ものアニメーターが集まったのは良いのですが、個性あふれるクリエーターの集合は、烏合の衆と化し、団結して行動するということができなかったのでしょう。最初にして最後といえる日本のアニメーターの大同団結は、集結したという事実だけを残し、事実上消滅しました(30)。

新日本動画社に残った村田は、松竹を退社したばかりの瀬尾を招き、原作・岩崎太朗、脚色監督・瀬尾光世で『王様のしっぽ』（一九四九）を制作します。

図7　『イガグリくん』

この作品は会社の経営状態の悪化、制作の中断等最悪の状況のなか、制作期間一年一〇ヶ月（実質八ヶ月）、作画枚数一〇万枚、総費用六〇〇〇万円をかけて完成しました(31)。

しかし、配給の東宝から内容が左翼的だとクレームが入り、公開できなくなります。会社はこれが原因で倒産し、アニメーション制作に嫌気がさした瀬尾は業界を去り、瀬尾太朗のペンネームで童画家に転身します(32)。

日本漫画映画社を出た山本早苗と政岡憲三は、東宝の支援を受けて、一九四八（昭和二三）年に、山本が社長で日本動画映画社（日本動画）を設立します。ここには後に東映動画（現・東映アニメーション）で活躍する藪下泰司、森康二もいました。『ルパン三世 カリオストロの城』の作画監督・大塚康生も東映に吸収される直前に入社しています。また新日本動画時代からアニメーターとして参加していた福井英一（一九二二〜一九五四）もいましたが、彼は後に漫画家に転身します。彼の描いた『イガグリくん』【図7】はマンガ雑誌『冒険王』で連載されると大人気となります[33]。

これを手塚治虫は以下のように分析しています。

昭和二十七年、突如として、福井英一氏は〝脱皮〟した。〔中略〕かれの頭のなかには、「姿三四郎」がちらついていた。それまでの少年誌は、ナショナリズムにはつとめて気を使い、柔道、剣道、空手を登場させるには、特に遠慮深く、中途半端な扱いをしていたので、読者に何の感興もわかなかった。福井氏は、そのベールをかなぐり捨て、正面切って武道漫画に取っ組んだ。野枯らしの中に対決する黒帯や、空手使いは、アナログニズムなどどうでもよく、ひたすらかっこよく、少年達が心から消し去っていたなにかに明るい灯をともした[34]。

GHQからの見えない精神的支配から、少年漫画誌が解放された瞬間を手塚は冷静にみていました。福井は人気絶頂の時、次作『赤胴鈴之助』の連載一回目に急死します。福井は手塚をライバルと見て、彼の著作の全てを部屋に揃えていましたし、手塚も福井をライバルと思っていました。福井の死を知らされた時、正直な手塚はこう記しています。[35]

——ああ、ホッとした——

なんという情けないおれだろうと、つくづく嫌になった。だが、はっきり言って、これでもう骨身をけずる競争はなくなったのだ、という安堵感を覚えたというのが本音であった。[36]

実直で飾らない手塚の正直な気持ちと同時に、死者に対する手向けの意味があるのかもしれません。手塚自身は、焼け跡で「俺は漫画映画をつくるぞ」と誓った思いを捨てたわけではなかったのですが、このときは人気漫画家として活躍していました。

6　アニメーション作家・ウォルト・ディズニー

世界で最も成功したアニメーション・スタジオはウォルト・ディズニー・スタジオ（現、The Walt Disney Company）であり、その創立者がウォルト・ディズニー（一九〇一—一九六六【図8】）です。

ウォルト・ディズニーは、アイルランド移民で大工のイライアス・ディズニーと妻フローラの間に、四男としてシカゴで生まれました。大工の父親の日当は一ドルにも満たず、一家は楽な生活ではありませんでした。イライアスの仕事は順調とは言えず、四〇歳を迎えると人生をあきらめ、それとともにますます信心深くなっていきました[37]。

一家は聖パウロ会衆派教会に属しており、家から二ブロック離れたところに新しいセントポール教会を建てることになったとき、イライアスは自分で申し出て、高い傾斜のついた簡素な建物を自ら完成させます。牧師のウォルター・パーとは信仰を超えて親友の間柄になり、二人の妻がほぼ同じ時期に身ごもると、イライアスとパーの間では一つの約束ができました。それは、生まれてくる子供が二人とも男の子の場合、イライアスの子供には牧師の名前をとって、ウォルターとし、牧師の子供にはイライアスと名付けることでした。つまりウォルター・イライアス・ディズニーが、ウォルト・ディズニーの本名です[38]。

ウォルトは、三男のロイ（一八九三〜一九七一）が生まれてから八年半後の子供です。八歳違いの兄のロイは、ウォルトの世話を文句ひとつ言わずにして、自分の小遣いで玩具やキャンディを買い与えました。ウォルトは、上の兄のハーバートとレイには心を開かず、「わたしにとっては生涯よそ者」だったといい、八歳上のロイに対しては、兄弟というより、父のような感情を抱いていました。生涯にわたって芸術家ウォルトを経営的手腕で支えたロイとの間には、こうした兄弟の関係がありました[39]。

父親のイライアスは吝嗇《りんしょく》、無口、癇癪持ち、非難がましく暴力的な性格でした。シカゴにいた時も些細なことからロイを部屋に閉じ込めたり、裏庭のリンゴの木の枝で鞭打ったりしました。ウォルトがまだ幼く、兄のハーバートとレイが一緒に暮らしている時は、イライアスの怒りの矛先は兄たちに向かい、兄たちが家を飛び出し、一家がカンザスシティに移ってからは、いらだつ父親はウォルトに暴力を振るうようになりました[40]。

イライアスはいくつも仕事を変え、ミズーリ州マーセリーン、そしてカンザスシティに移ります。ウォルトは、その当時家業としていた新聞配達の手伝いからも、イライアスからも、学校からも逃避して、自分だけの自由な世界に閉じこもることが多くなりました。二軒隣に住むウォルト・ファイファーはベントン小学校での同級生で、その家はウォルトにとって、笑いに満ちた「本当の我が家」と感じられる場所でした。ウォルトは「人の関心を引けるなら、なんでもした」というように、学校でリンカーン大統領に扮装したり、チャップリンのモノマネをしたりして、演技を生涯の職業にすることも考えていました。しかし彼にとって、ファイファー家も学校での芝居も、現実からの逃避で、それ以上に彼の心をとらえたのが絵を描くことでした[41]。

図8　ウォルト・ディズニー

一九一八年の夏、ヨーロッパではアメリカ軍がドイツ軍と戦っていました。ウォルトはエンターテインメントもさることながら、戦争熱にも浮かされていました。兄のレイは陸軍に、ロイは志願兵としてシカゴ郊外の五大湖海軍基地に配属されていたのです。友人のラッセル・マースと海軍に志願しようとしましたが、若すぎて受け付けてもらえませんでした。そこで年齢制限が緩いカナダ軍に参加しようとするのですが、今度はマースの視力が弱く、はねられたため、ウォルトも一人で兵役につきたくはありませんでした。その後マースが、赤十字の救援部隊であれば年齢制限も一八歳ではなく、一七歳だということを聞きつけてきました。最初は自分たちで年齢を偽り志願したのですが、不審に思った係官が母親に連絡し失敗します。しかし、結局母親はウォルトの懇願に折れ、夫の代わりに署名をして、一六歳の年齢も誕生日の末尾を偽造して一七歳として採用されます。(42)

帰国したウォルトは職探しに没頭し、ロイの紹介で、商業美術のショップ(ペスメン＝ルビン)に雇われました。一ヶ月後、アブ・アイワークス(一九〇一～一九七一)が遅れて就職してきます。彼は、本名をウベ・エルト・アイワークスといい、その名を省略して、アブ・アイワークスと呼ばれました。(43)

二人は広告の注文が殺到したクリスマスが終わると、すぐに解雇されます。二人とも、高校を中途退学し、職もない自称アーティストですが、性格は対照的でした。ウォルトは大望を抱き夢は無限、外交的で社交的であるのに、アイワークスは目先のことしか考えられず、シャイで引っ込み思案で陰気でした。ペスメン＝ルビンの会社では、二人は単なる同僚でしたが、会社を解雇されてから、共同で事業を始めます。一九二〇年一月のことです。アイワークスがデッサンやレタリング製作に集中し、ウォルトはセールスマンとして注文取りに駆け回りました。二人の性格の違いが幸いし、自然とクリエーターとプロデューサーの関係が築かれたのです。(44)

後年、ウォルトがミッキーの個性を作り上げ、アイワークスがそれに最終的な外見を与えた――つまり、アイディアはウォルトが、実際のデザインをアイワークスが担当した――といわれる関係が生まれました。

アニメーション制作は、一九〇六年のスチュワート・ブラックトン『愉快な百面相』や一九〇八年のエミール・コール『ファンタスマゴリー』以降から始まっていました。しかし、一九二〇年頃もほとんど進化してはいませんでした。当時は、ブラックトンの映画のように、キャラクターを早描きして、そのコマを撮影してカメラに収めていました。つまり、当時のアニメーターは早描きの芸人に過ぎず、フィルムにはよく手が映っていました。(45)

アニメーションの制作プロセスは静止しているものを動かす、つまり生命を与えるプロセスです。無機的なものに創造者の手を加えることによって生命を与えるのです。

ウォルト・ディズニーは、アニメーションを極めようと、技術開発に取り組みます。エドウィン・G・ラッツの著書を読み、ビル・ノーランというアニメーターの通信講座を受講し、研究を重ねました。ちょうどアイワークスが図書館からエドワード・マイブリッジの写真集を借りてきて、グレーハウンドの走る姿をコピーして制作中のコマーシャルに採用すると、非常に高い評価を得ました。ウォルトとアイワークスはまた、カンザスシティ芸術学院の夜間部にも出席します。(46)

いくつもの小さな成功と失敗を繰り返し、スタジオは倒産しましたが、ウォルトは再起をはかり、映画産業の本場ハリウッドへ移住します。ハリウッドで、ロイとカンザス時代に一本だけ制作した『アリスの不思議の国』シリーズの続編を販売する会社「ディズニー・ブラザーズ社」を興します。

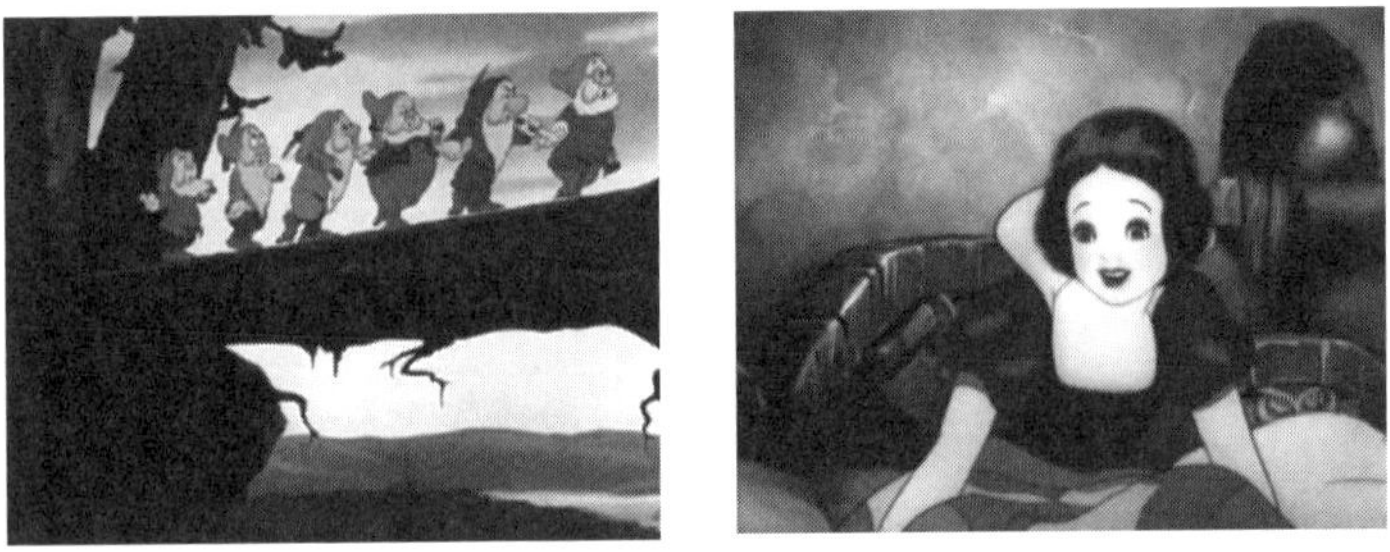

図9 『白雪姫』（1937年）

事業の過程でアリスコメディ・シリーズのアニメを再度制作する機会を得たウォルトは以前のように仲間を集めます。そしてディズニー・ブラザーズ社はアニメーション製作会社へ転身します。これが実質的な「ディズニー社」の設立になりました。少女子役をアニメーションに織り交ぜた「アリスコメディ・シリーズ」は人気を博し、ディズニー社の経営は徐々に軌道に乗っていきました[47]。

ウォルト・ディズニーは戦前の一九三七年に、長編第一作『白雪姫』【図9】を制作しました。これ以前にも長編アニメーションとしては、ドイツのロッテ・ライニガー（一八九九〜一九八一）が一九二六年に『アクメッド王子の冒険』を発表しています。ライニガーは、その後ディズニー社も使用する「マルチプレーン・カメラ」を開発しています。マルチプレーン・カメラ【図10】は、キャラクターの前後に背景や前景を置き、二次元のアニメーションを立体的に見せることを可能にしました。

『アクメッド王子の冒険』は白黒のシルエット・アニメーションです【図11】。『白雪姫』はカラーによる最初の長編アニメーションになります[48]。

この『白雪姫』はウォルトの少年時代が反映された寓話です。ウォルトは一九一七年一月、一五歳の頃にカンザスシティで実写版の『白雪姫』を見たことがあり、それが最初の長編アニメーションに白雪姫を選んだ動機でもありました。彼は自身の境遇を白雪姫に重ね、親の嫉妬や移り気な圧政に怯え、自分の世界に逃避し、そこにいたわりと愛と独立と信頼を見出すのです。白雪姫はウォルト・ディズニーの成長の物語でもありました。

そう考えれば、『白雪姫』の結末を原作（グリム童話）と同じように――王妃は最後に真っ赤に焼けた鉄の靴を履かされ、死ぬまで躍らされた――しなかったのは、理解できるのではないでしょうか。実の父をイメージしていた王妃に対して、そこまではできなかったのかもしれません。しかし、ウォ

図10　マルチプレーン・カメラと開発者のライニガー（左下の女性）

図11　『アクメッド王子の冒険』（1926年）

ルトは父の葬儀にも出席しませんでした。ただ、ユリの花を教会に送っただけです。それほどの確執があったのでしょう[49]。

ディズニーは二作目の作品『ピノキオ』を一九四〇年二月七日に公開すると、続いて、三作目の長編アニメーション『ファンタジア』を同年の一一月一三日に公開します（日本公開は一九五五年九月二三日）。音楽演奏は、全てレオポルド・ストコフスキー指揮のフィラデルフィア管弦楽団が担当しました。『ファンタジア』は芸術的に画期的な作品であり、ファンタサウンドと呼ばれる立体音響が再生されると、観客は映画に感動し興奮しました[50]。

一九四五年の終戦までの間に、『白雪姫』『ピノキオ』『ファンタジア』、そして『ダンボ』『バンビ』という長編アニメーションを次々に公開していたディズニーですが、スタジオは赤字続きで多額の借金を抱えていました。戦後第一作となったのは、長編『シンデレラ』（一九五〇年二月一五日公開）です。この作品は『白雪姫』同様に大ヒットします。スタジオの財政を預かる兄のロイは、一九五〇年を「シンデレラの年」と呼んで喜んだといいます[51]。

しかし、次の作品『不思議の国のアリス』（一九五一）は興行的に失敗し、『シンデレラ』の利益を吐き出してしまいます。一本あたっても、一本はずれればどん底に落ちます。映画興行は不安定なビジネス構造なのです[52]。

キャラクタービジネスだけでは経営を安定させるほどの力にはならず、作品づくりへの過干渉もできず、ウォルトはカリスマ性を発揮できないなかで、壮大な夢を実現させます。ディズニーランドです。映画と違い、完成してからも手直しができるのことが、ディズニーにとっても魅力でした。一九五五（昭和三〇）年七月一七日、ウォルト・ディズニーが五三歳の時に、ロサンゼルス郊外にディズニーランドが完成します。入場者や園内の売り上げは予想を上回り、ビジネスとしても大成功をおさめます。これにより、ディズニーは劇場作品、テレビ作品、遊園地、マーチャンダイジングという四本の経営の柱を確立したのです[53]。

戦後、日本にアメリカ映画が復活したのは、MPEA（モーション・ピクチャア・エクスチェンジ、略称「セントラル」）が発足してからです。もちろんGHQの監督下においてです。戦争で途絶えていたアメリカのアニメーションが、戦後公開された長編第一作は、フライシャーの『ガリヴァー旅行記』（一九三九）です[54]。

この作品は、フライシャーがディズニーの『白雪姫』に対抗してロトスコープを使い作られたものです。戦前から日本にプリントは輸入されていたのですが、戦争の勃発でアメリカ映画の各社が閉鎖され、オクラいり（上映未定処分）していました[55]。

短編作品は、一九四七（昭和二二）年に、ワーナーから『お洒落ポーキー』『ポーキーの狐退治』など、パラマウントからは『南海のポパイ』『ポパイと四つ子』などが劇映画と併映の形で公開されました。しかしオリジナルはカラー作品でしたが、全てモノクロで公開されます。当時の日本には、カラー作品の現像設備がほとんどなかったのです[56]。

7 東映動画

日本動画は東宝の関連会社を吸収して増資し、一九五二（昭和二七）年、社名を日動映画と改め、東映の委託で、カラー短編作品『うかれバイオリン』を制作しました。藪下泰司に演出をさせ、一九五五（昭和三〇）年一〇月に完成します。東映ではこの作品が好評だったため、自主制作体制の確立を急ぎ、翌年八月に日動映画の全株式を取得し、正式に買収して「東映動画株式会社」（現・東映アニメーション）と社名変更しました。社長は東映社長の大川博で、正式に東映の子会社として発足します。(57)

日本最初のアニメーション作家のひとり、北山清太郎門下の山本早苗（善次郎）は、戦前から連綿とアニメーション制作をつづけ、戦後すぐに「新日本動画社」を設立しました。彼は村田安司、政岡憲三らを筆頭に百余名のスタッフを集め、一度は挫折したものの、その後、東宝教育映画の子会社「東宝図解映画」と合併、「日動映画」として活動をつづけ、ついに東映傘下の「東映動画」の一員になったのです。こうして日本のアニメーション制作会社の大きな歴史の流れができあがりました。(58)

八月一日、東映動画は、山本早苗次長を筆頭に二三名の制作スタッフでスタートします。スタジオは旧日動で、ＴＶ用のＣＭフィルムを制作しつつ、日本初の色彩長編アニメーション『白蛇伝』と短編『こねこのらくがき』の企画に着手します。(59)

当時の模様を『東映教育映画ニュース№14』で大川が話しています。

漫画映画の製作は近来外国において盛んに行われ、特に米国ディズニー・プロでは毎年、長編（毎年でなく大体3年に1本のペース）の優秀作品を発表して世界の注目を浴び、またソ連及び欧州諸国においても、活発に漫画映画及び人形映画の製作が進められています。しかるに、わが国におけるこれらの漫画映画は、諸外国に較べて著しく立ち遅れ〔中略〕従って映画館における漫画映画は、ほとんどが外国作品に占められている現状であり〔中略〕将来はディズニー・プロに匹敵すべきものを製作出来る確信を得るに至ったのであります。この製作が本格的に開始されるときは、**映画輸出の欠点とされていた日本語の非国際性を絵と動きで十分理解させ得る漫画映画の外国市場への進出も期待される**のであります。(60)

経営者である大川の談話には、もちろん大言壮語的な側面を否めません。しかし、映画輸出の欠点を日本語の非国際性と認め、絵と動きなら世界に通用すると考えたのは、映画人として先見の明がありました。大川は言葉だけでなく、経営者として実現に向けて行動しました。

九月二六日、東京練馬の大泉学園に敷地一〇五四坪、延建坪三五三坪の新スタジオの起工式が行われます。一九五七（昭和三二）年一月九日、スタジオが竣工し、動画部は新宿の旧日動スタジオから移転します。新スタジオは鉄筋コンクリート三階建て、冷暖房完備で、建設費は当時の金額で一億円を投入したといわれています。戦前から零細手工業であった日本のアニメーションが、近代的な企業へ脱皮しようと試みた瞬間です[61]。

新スタジオでの第一作『こねこのらくがき』（演出・藪下泰司、原画・森康二）は、一九五七（昭和三二）年五月に完成しました。その他にも、日本では公開されませんでしたが、同年一〇月には、アメリカ大使館から委託されて制作した、タイの伝説にをもとにして猿神の活躍を描いた『ハヌマンの冒険』等、この年にCMフィルムだけで二一九本を制作します。同時に、日本最初の長編色彩動画『白蛇伝』の制作も進められ、スタッフも一〇九名に増員します。一九五八（昭和三三）年八月末に作品は完成し、九月二五日、新宿東映で完成試写会が開催されました[62]。

前述のように、日本にはそれまでにも長編アニメーションはありましたが、戦前では『桃太郎　海の神兵』、戦後では『バグダット姫』『大聖釈尊（前後篇）』『王様のしっぽ』など、すべて白黒作品であり、本格的なカラー作品は『白蛇伝』が最初です[63]。

『白蛇伝』は中国の物語を脚色したものです。昔、許仙《シューシェン》という少年に救われた白蛇が成長し妖力を持ち、白娘《パイニャン》という美しい娘に成長します。許仙と白娘は出会い、恋に落ちるのですが、法海《ほっかい》という法力の強い高僧が白娘の正体を見破り、攻撃します。しかし、許仙を救うために自分の命を捨てようとする白娘の純愛にうたれ、法海は白娘を許します。あらゆる障害を乗り越えて、二人が結ばれ、幸せの国へ旅立っていくのでした。作品のデータが残っています。

『白蛇伝』制作データ(64)

タイトル 『白蛇伝』

スタンダード、イーストマン・カラー使用、12,147.9メートル　8巻　78分

製作期間：昭和31年4月2日〜33年9月3日

作画期間：昭和32年12月15日〜33年7月16日

作画枚数：214,154枚／原画：16,474枚／動画：65,213枚

トレス：66,111枚／彩色：65,458枚／背景：898枚

製作費：40,471,000円

このデータを分析しましょう。

「スタンダード」とは画面のサイズ比を表します。スタンダードであれば、縦三対横四の通常サイズ（旧式のテレビ画面とほぼ同じ）です。「イーストマン・カラー」とは使用したフィルムで、コダック社の映画用カラーフィルムです。「12,147.9メートル」とは、フィルムの長さです。映画業界では、フィルムを扱うときの実作業がわかりやすいように、映画の長さを時間ではなく、距離（尺）で表します。通常はフィート（ft）で表します。フィートであれば、35ミリフィルムは1フィートが16コマと決まっていますので、非常に分かりやすいのです。「8巻」とは映写フィルムの本数です。その次

に「78分」と総時間があるので、1巻10分程度となり、平均的な数値だとわかります。映画のフィルムを収める丸缶はこれを標準に作られていて、これ以上だと特注で制作しなければなりません。一巻一巻当然音も切れるので、完全につながった10分以上の音楽がないこともわかります。

作画枚数、原画、動画、トレス、彩色の数値の中で、アニメーションの動きを決定しているのは動画枚数です。この作品では65,213枚の動画が使用されました。かなり**フル・アニメーションに近かった**ことがわかります。近かったとは、フル・アニメーションであれば、1秒間に24コマ、全てを動かすわけですから、78分であれば、その1440倍（1分＝60秒×24コマ）で、112,320枚が必要なのです。単純計算になりますが、『白蛇伝』では、1秒間に12コマの絵を動かし、「フル・アニメーションとした」ことになります。

もちろん、実際に見れば1秒間12コマのアニメーションでも、全くなめらかに動き、観客が違和感を覚えることはありません。現在でも、海外で作られ、放送されているセル・アニメーションのほとんどは1秒間に12コマの動きを基本に制作されています。

『白蛇伝』を観てアニメーターを志した人材は多いです。大学受験を控えていた高校三年生の宮崎駿が、どうせ日本のアニメーションだからたいしたことはないだろうと、タカをくくって観に行ったのですが、作品の質の高さに驚き、アニメーションを目指したきっかけの一つとなっています[65]。

海外での評判も良く、第九回ベルリン市民文化賞などいくつかの賞を受けました。大川が当初目指した海外配給も実現し、東南アジア各国で公開され、香港の会社を通じて一万ドルの商談が成立し、北京語と広東語のダビング版を作って輸出されました。後にドイツ語地域、中南米地域にも輸出され、最終的には九万五〇〇〇ドルの配給収入を得たのです[66]。

8　東映動画と手塚治虫

終戦後、大阪大学に入っていた手塚治虫【図12】は、医学の勉強よりも漫画の方に熱心だったため、教授から医者をあきらめて漫画家になりなさいと諭されます。授業中に手塚が漫画内職をしていることが教授に知られていました。手塚は地方紙などに描いた漫画原稿から、それなりの収入を得ていたのです。手塚は悩んだ末に、漫画家になることを決めますが、インターンと国家試験は通り、医者の資格は手に入れます。その後、東京に出てきた手塚はすでにいくつかの本を出していましたが、ある日、京王線の駅の電柱で「漫画映画製作者募集」の張り紙を見ます[67]。

たちまち、ぼくは「桃太郎　海の神兵」のような豪勢な作品を、遮二無二作りつづける自分を思い浮かべ、まったく発作的に、そのプロダクションへ飛び込んだ。

「ぼくを使ってください」

すると所長は、ぼくの出した「新宝島」や二、三の赤本を見たうえで、

「だめだ、君は映画には向かん(68)」

と、入社を断られます。手塚によれば、所長は「一度、出版界の味をしめてしまうと、報酬その他、ケタ違いに不利な漫画映画など、とてもつくる気になれない」と言うのでした。手塚は落胆し、漫画映画から縁を切ろうと決心します。そんな手塚でしたが、一九五八（昭和三三）年の夏、東映動画の渾大坊《こんだいぼう》五郎《ごろう》部長から、以前の作品『ぼくの孫悟空』を映画化したいと申し込まれます(69)。

この前年、一九五九（昭和三四）年に入ると、全国にテレビ局が続々と開局され、東映動画でも、それに伴うTVCMの需要が急増しました。東映動画は『白蛇伝』が成功したことで、長編アニメーションを定期的に制作することが可能となり、制作体制が強化されます。会社は四月には大卒・高卒の新人を多数採用し、総勢二八四名となり、スタジオも延建坪三七四坪の第二次増築が行われました(70)。

東映動画は長編アニメーション第二作として『少年猿飛佐助』（演出・藪下泰司、一九五九）をシネスコ版で制作することを決めます。長編のシネスコ・アニメーションは一九五六（昭和三一）年八月、既にディズニー作品『わんわん物語』（一九五五）が公開されていましたが、日本で制作されるのは初めてでした(71)。

『少年猿飛佐助』の作画は一月から始まりますが、この時、東映動画社内では、第一作の『白蛇伝』の追い込みで残業に次ぐ残業が重なり、労働組合を結成したいという欲求がでていました。会社側と労働者側で激しい対立が生まれましたが、結局会社側が勝利し、職場規律の確立と合理化に乗り出します(72)。

組合結成騒動を経て、長編第二作『少年猿飛佐助』は一〇月に完成します。この作品はＭＧＭと配給契約を結び、一〇万ドルで契約が成立しました。全世界で『The Magic Boy』または『The Adventures of Little SAMURAI』のタイトルで公開され、第一一回ベニス国際児童映画祭で最高賞の「サンマルコ獅子賞」を受賞します(73)。

図12　手塚治虫

東映動画第三作目の長編は手塚の『ぼくの孫悟空』を原作にした『西遊記』です。この当時の手塚は、既に漫画界の第一人者で、一九五四（昭和二九）年には年間所得が画家部門で一位となるほどの売れっ子でした。しかし、アニメーション制作に大きな夢を持っていた手塚は東映の嘱託となり、一九五八（昭和三三）年の終わりごろから、大泉学園のスタジオに通い始めます。手塚の仕事は「構成」で、絵コンテを切る（描く）ことですが、あまりに長すぎて、何度も切り直しをさせられたということです(74)。

手塚の提案で、原作にはなかった燐々《りんりん》という少女猿を創作しますが、物語の最後の扱いが問題になりました。手塚は最初から「悟空が長い旅から帰ると既に憐々は死に、お墓に泣き伏しきっと立派な猿になってみせると誓う」という筋を考えていました。しかし、あざとすぎると評判が悪く反対され、結局、めでたく再会するラストに改められます(75)。

キャラクターの決定には月岡貞夫が活躍し、牛魔王や金角は彼のデザインです。沙悟浄も月岡が描きましたが、胸毛やヘソのところにモジャモジャ毛が生えていて、不潔だと非難が出て、後に修正されます。猪八戒は森康二のいたずら書きがそのまま採用されました(76)。

脚本は初めて本職に依頼します。『素晴らしき日曜日』『酔いどれ天使』などのシナリオを書いた植草圭之助が担当しました。もちろん植草自身もアニメーションのシナリオは初めてで、『西遊記』の原点から翻訳ものなどを読み返し、戦前の中国の長編アニメーション『鉄扇公主《てっせんこうしゅ》』を手塚の家で見たり、ディズニーの旧作を見たりして脚本の参考にしました(77)。

この作品の圧巻はラストの牛魔王と孫悟空の対決です。魔窟である翠雲洞《すいうんどう》に三蔵法師と猪八戒を捕え大釜の上に吊るし、魔物や化け物たちが踊り狂うシーンがあります。

このシーンを『映画評論』誌では以下のように伝えています。

この映画のお終いの方に、ワイドの画面いっぱいに、無数の妖怪変化達が踊り狂うワイルド・パーティの場面があり、ここは日本の動画の実力と可能性に、思わずうならせられる傑作であった。聞くところによると、このシークェンスのあたりは、封切日をめざして製作が追いこみにかかり、命令による残業が多くなって来た時期に描かれたものだそうである。こういう時期になるとなんでもいいから早くやってくれといった気分になって、やや職場の秩序が乱れてくるという。それで普通なら、演出者がチーフ・アニメーターと相談してギャグを決め、プロデューサーの所長の採否をへてから、それがアニメーターたちの手に渡される順序なのに、このときは、アニメーターたちが、みんなで勝手にギャグを持ちこみ、面白がって夢中になって描いたものであるという。ことほどさように、ここのアニメーターにはマンガの虫が多く集まっており、筆一本で己の幻想をスクリーンにおどらせてみせることだけが野望である人々がそろっている。彼らは、自分に興味を持てないことを、**ただ機械的に処理してゆくだけ、という作業**には耐えられないのである。

（「偉大なる手工業・東映動画スタジオ」野口雄一郎、佐藤忠雄＝映画評論三十六年九月号）[78]

アニメーターは職業である以上、もちろん生活のために絵を描いているのですが、それ以上に自分たちがクリエーターであるというプライドを持って仕事をしています。この「**ただ機械的に処理してゆくだけ、という作業には耐えられない**」という感情は現代でも全く同じです。東映動画がディズニーを参考にしてつくったプロダクションシステムは、大量の作品を効率的に作り上げる方法を得ましたが、そこにはクリエーターであるアニメーターたちのプライドを奪っていく負の部分も含まれていたのです。手塚はアニメーション制作の基本をこの東映動画で学び、自著に以下のように記しています。

東映でなにを学んだかといえば、動画企業のなかでは、作品よりなにより、ヒューマン・リレーションの問題が大切だということであった。動画ほど各パートのスペシャリストが、時計の歯車のようにうまく嚙み合って協力体制で進まねばならぬ仕事はない。そこには一匹狼的なジェスチュアや、ぬけがけや、エリート意識はいっさい許されないのである。そのうえ、動画が多数の頭脳や技術を必要とすればするほど、個性が失われていく危険性があることも痛感した。

「西遊記」の評判が悪くなかったので、ぼくは、次の作品の構成も受け持つことになった。「シンドバッドの冒険」である。船の話だというので、「どくとるマンボウ」の北杜夫と共作することになった。ふたりで喫茶店で頭をひねり、シンドバッドの脇役に、クジラの仔を登場させることにした。こいつは当たるぞ、ドナルドダック以来の名タレントだ、と喜んでいたら、誰かが削ってしまい、猫とすり替えてしまった。**多人数でなにか創造的仕事をする場合は相乗作用と相殺作用とがおこる。**アニメーションではそれが極端にでるのである。(79)

手塚もアニメーションにおけるプロダクションシステムの光と影の部分を体験的に理解したのです。戦後、アニメーションは個人制作の芸術から集団制作の芸術に変わりました。それは単なる手工業から大きな産業への脱皮をも意味します。それゆえのジレンマは六〇年以上経った今も全く変わってはいないのです。

漫画に映画的な立体的構図を取り込み、日本の漫画に新たな地平を開いた天才・手塚治虫でさえ、アニメーションを一人で作ることはできません。それを理解したうえで、手塚はアニメーションを目指しました。それは産業と芸術の狭間で苦悶することを意味していました。

『西遊記』は『少年猿飛佐助』に続いて、『A lakazam the Great』または『Enchanted Monkey』という英語タイトルで世界に配給（輸出価格一〇万ドル）され、第一三回ベニス国際児童映画祭で特別賞を得ました(80)。

9　おとぎプロ

横山隆一（一九〇九〜二〇〇一）は『フクちゃん』で知られる漫画家です。彼の念願は漫画映画を作ることでした。戦時中に『フクちゃんの潜水艦』という中編アニメーションが作られましたが、「あれは勝手に作られたものだ」と彼自身は憤慨していました。横山が直接協力できたのは、敗戦直前に上映された『上の空博士』という短編ですが、それとは別に、横山は自分の力でフィルム制作から販売までをやりたいと願っていました(81)。

一九五四（昭和二九）年、横山は一六ミリのベルハウエル撮影機を自宅に据え、助手と一緒にアニメーション制作を始めます。この時点ではまだ個人的な道楽でしたが、やがて人材を増やし、庭にスタジオを立て「おとぎプロ」を開設します。一九五五（昭和三〇）年の暮れに短編『おんぶおばけ』

が完成し、文春ビルの一室で仲間を集めてプレミアショウが催されました。[82]

おとぎプロはその後、本格的に制作を開始し、中編『ふくすけ』や長編『ひょうたんむすめ』を東宝の手で封切ります。台湾の新聞にも「日本のディズニー、横山隆一」と、取り上げられました。[83]

『ひょうたんむすめ』に次ぐ第三作『おとぎの世界旅行』は、最初五編のオムニバスとして企画されましたが、上映時間が短かすぎると、七編（一時間三五分）に変更されます。[84]

ソーラン老人とオケサ青年の二人が世界一周の旅に出かけ、各地で漫画映画を上映し、最後はロケットに乗って空へ旅立つという物語です。この作品は一九五八（昭和三五）年の暮れに完成しましたが、東宝系の劇場で公開されたのは、一九六〇（昭和三七）年の八月二五日です。東宝の大作主義のあおりを受け、長時間オクラいりにされたうえに、七編のうち二編をカットされました。『キングコング対ゴジラ』との二本立てでは上映時間が長すぎて子供たちが退屈するだろうといった単純な理由です。横山は弱小プロダクションの悲哀を実感しました。おとぎプロは衰退していきました。[85]

一九六一（昭和三六）年五月一日午後五時よりフジテレビをキー局に放送された『インスタント・ヒストリー』は、毎日その日の歴史的事件のなかからテーマを選んでアニメーションにしたものです。おとぎプロはこの番組の制作を手掛け、「一六一三年、英国船が平戸へ来航」「一八二一年、ナポレオン死す」等をリミテッド・アニメーションで表現しました。この番組をスポンサーから持ち込まれたフジテレビは、本編が一分であまりに短いので、本編より長いCMを挟み、合計三分間の番組として放送しました。日本製の最初のTVアニメーション・シリーズになります。[86]

おとぎプロは、ＴＶＣＭでも有名な、レナウンのイエイエ・シリーズの優れたアニメーションなどを制作しましたが、前述『おとぎの世界旅行』などの興行的に恵まれなかった仕事もあり、経営は苦しく、漫画家・横山隆一のアニメーションに対する情熱は消え、一九七二（昭和四七）年九月に正式に解散します。(87)

10　アニメーション作家・手塚治虫

一九六〇（昭和三五）年一月二六日、東京の草月ホールで、九里洋二（一九二八〜）、真鍋博（一九三二〜二〇〇〇）、柳原良平（一九三一〜二〇一五）が「アニメーション三人の会」の結成発表会を行いました。(88)

ちょうどこの頃は、テレビにアメリカ製のアニメーションが登場したり、アニメーションがＴＶＣＭに使用されたりして、動画映画・漫画映画に世間が関心を持ち始めた頃でした。新聞の番組欄に放送用語として、「アニメーション」「アニメーター」という言葉もでてきます。(89)

このグループが目指したのは「ディズニーを打破して新しい方法や技術を開拓し、絵画やデザインの分野でも新しいアニメーションを作り出す」ことです。招待された手塚治虫は、最初の会のときは何の印象も受けなかったようですが、二回目の発表会のときは、「これはやるな」と思ったといいます。三回目の発表会では、来あわせていた田河水泡《たがわすいほう》（『のらくろ』の作者、一八九九〜一九八九）が「うむ、こういうものなら、わしも、つくってみたい気がする」と感想をもらし、手塚も同感だったようです(90)。

東映動画でアニメーション制作を学んだ手塚治虫は、「アニメーション三人の会」や尊敬する横山隆一の「おとぎプロ」にも刺激を受けました。手塚は、自分自身の手でアニメーション制作を始めることを決意します(91)。

手塚が東京練馬に五〇〇坪の土地を購入したのは一九六一（昭和三六）年です。手塚は覚悟を決め、「これからおれは、たいへんな事業を始めるので、成功してもしなくても、うちはひどい窮乏生活に見舞われるが、我慢してくれ」と妻に言ったといいます。同年六月に手塚本人を含めて六人のスタッフで「手塚プロダクション動画部」が発足しました。なるべく資金がかからない動画を目指した手塚は、九月一六日から第一作『ある街角の物語』を制作開始し、一年をかけて翌年完成させます。同時に敷地内に建坪一五〇坪の新スタジオを建設し、新たに一〇名を入社させました(92)。

『ある街角の物語』の演出を担当したのはおとぎプロから移ってきた山本暎一と坂本雄作です。一種の映像詩で一般に考えるアニメーションとは少し違いましたが、この実験映画はその詩情が高く評価され、前述した第一回大藤賞、ブルー・リボン賞、芸術祭奨励賞を受賞します。一九六二（昭和三七）年一二月、手塚は正式に「株式会社虫プロダクション」（虫プロ）を発足させました(93)。

この当時、テレビで放送されているアニメーションは、ほとんどがアメリカ製のリミテッド・アニメーションでした。なかでも好評だったのが、一九六一（昭和三六）年六月からフジテレビで放送されたハンナ・バーベラ・プロダクション制作の『強妻天国』（原題：The Flintstones）や『クマゴロー』（原題：Yogi Bear）です。前者は石器時代の住民を主人公にし、後者は擬人化された熊が国立公園で観光客や小熊と繰り広げるコメディで、物語性のある三〇分番組でした。この頃から国産のテレビ・アニメーションを作ろうという機運はあったようです(94)。

手塚もこれらの作品を見て、当時のことをこう語っています。

アメリカでは、すでにテレビ漫画の常識になっているつくりかたなのに、なぜか、日本では、誰ひとり手をだそうとしなかった。やはり、既成概念が邪魔していたのだろう(95)。

虫プロのスタッフたちは、経済的に余裕のできるテレビ・コマーシャル作りに専念することを望んでいたようですが、手塚自身の意向もあり、結局テレビ用シリーズの動画を制作することに決めます。この時、虫プロのスタッフは二〇名でした。

手塚は代理店を通じて、スポンサーを探し、明治製菓に決まります。一五分のパイロット版を見せ、予算を尋ねられたとき、手塚自身が「五十五万ぐらいです。三十分もので」と答えました。後に、手塚はこの数字が「その当時でもバカみたいに安い金額だった」と認め、大失敗だったと語っています。しかし、この予算ゆえに折り合いがつき、手塚が光文社の雑誌『少年』に実に一七年間長期連載した

『鉄腕アトム』が、放送局フジテレビで映像化されることに決まったのです。
手塚たちは、制作システムもコストを抑えるために、「リミテッド・スタイル」で動画枚数を節約し、「バンク・システム」という方法を考案しました。「バンク・システム」とは、一度使った動画セルを、たとえばアトムが右を向いて笑ったカットが二話であり、三話で同じようなカットがあれば、二話で使ったそれを兼用して再撮影するシステムです。手塚は「バンクとは絵の銀行だ」といいます。作品を重ねていけば、徐々に作画枚数が減っていくのです。
虫プロでは作画スタッフを五一人に増強して、一〇人編成で五班に分け、一斑が五週間をかけて三〇分（実質二〇分）のアニメーションを作ることにします。困難の末、第一作は一九六二（昭和三七）年一〇月に完成し、翌年元日夜六時一五分から放送されました。一躍全国の子供たちのアイドルとなったこの作品は、一九六六（昭和四一）年一二月三一日、アトムが地球を救うため、悲劇的な最後を迎えて終了しました。視聴率は最高四〇％、悪くても二〇％を維持したのです。[96]
視聴率が高かったことが、アニメーションとして成功したかといえば、多くの異論がありました。『鉄腕アトム』を作っていた杉井が言うように、「その当時は、（フル・アニメーションを作っていた）東映系の人たちが『アトム』は演出的にも、技術的にも、あんなものはアニメーションじゃない[97]」と否定していたのです。日本を代表するアニメーターのひとりである大塚康生もこの作品を次のように回想していました。

1963（昭和38）年1月1日『鉄腕アトム』のテレビ放送が始まりました。私たちも早速かたずを呑んで見ましたが、一人として技術的に評価する人はいませんでした。極論からすると「あれじゃ誰も見ない」と思うほどのぎこちない動かし方でした(98)。

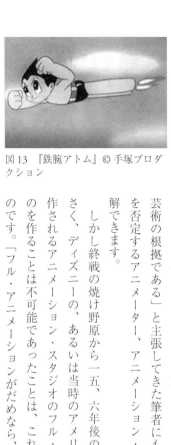

動かすことで悩みつづけ、動かすことでアニメーターとしての喜びと誇りを持ち、またディズニースタジオを目指して設立された東映動画で劇場版のフル・アニメーションをつくっていた大塚たちアニメーターにとっては、当然の想いかもしれません。しかし、アニメーションとしての出来はともかく、国産のテレビ番組として『鉄腕アトム』は大成功をおさめます。

図13 『鉄腕アトム』© 手塚プロダクション

これまで「アニメーションは動きであり、生命であり、それこそが芸術の根拠である」と主張してきた筆者にも、当時の『鉄腕アトム』を否定するアニメーター、アニメーション・スタッフたちの感情は理解できます。

しかし終戦の焼け野原から一五、六年後の日本の経済規模はまだ小さく、ディズニーの、あるいは当時のアメリカの圧倒的な資金力で制作されるアニメーション・スタジオのフル・アニメーションと同じものを作ることは不可能であったことは、これもまた容易に想像できるのです。「フル・アニメーションがだめなら、リミテッドで」と、アニメーションの芸術性よりも物語性を、つまり「動きの芸術性よりも物語の重要性」を選択した発想は、優れた漫画家であり、ストーリー・テラーである手塚の英断であったのかもしれません。

いま現在、手塚が最初に決めた予算が元で、アニメ制作費が抑えられ、それが日本のアニメーター、アニメスタッフを経済的に苦しめている、という状況は真実です。しかし一方で、手塚があの時、予算を抑えてでもテレビアニメの制作を受注しなければ、今のアニメ業界、日本のアニメはなかったかもしれないのです。


『鉄腕アトム』で始まった日本の「アニメ」は、安い制作費で実際の経費に足りないために、当然にプロダクション経営は赤字になりました。そんな折、アメリカの三大ネットワークの一つであるNBCが『鉄腕アトム』五二本を買いたいと契約を申し出てきました。

手塚も「日本のテレビ・フィルムがアメリカに売れるなどということは、およそ信じられなかった」と回想しています。『鉄腕アトム』は最低保証放送権料として一本一万ドルで、タイトルも『Astro Boy』と改題され、全米二六局ネットで九月七日から土曜日午後六時からのゴールデン・タイムで放送され、高視聴率をあげます(99)。

手塚は皮肉をこめて、次のようにつづっています。


アトムが好評だとわかると、ほかのプロダクションはあわててテレビ漫画の原作をあさりはじめ、コロンブスの卵ではないが、アトムの類似作品がずいぶんでてきた。『鉄人28号』『エイトマン』『狼少年ケン』など、アトム的製作法でつくられた作品が、目白押しにテレビに登場した。[100]

この「アトム的製作方法」、つまり日本的リミテッド・アニメーションこそ、現代の「アニメ」なのです。アニメーション史家のスティーヴン・キャヴァリアは「決して初のテレビアニメ作品ではないにもかかわらず、『鉄腕アトム』こそが、のちに日本の「アニメ」と呼ばれる特定のスタイルの代表として、世界に知られるようになった[101]」と分析します。

──「アニメ」が誕生したのです。

（1）スティーブン・キャヴァリア『世界アニメーション歴史事典』仲田由美子・山川純子訳（ゆまに書房、二〇一二年）六〇―六二頁。Giannalberto Bendazzi, *CARTOONS, One hundred years of cinema animation* (John Publishing, UK, 1994), pp.20-21.

ブレイの発明のいくつかの所有権について、彼の無慈悲なビジネス手法については議論があります。ブレイはアニメーションについて取材する記者を装い、ウィンザー・マッケイのスタジオを訪ねて、アニメーションの草分けとなるテクニックのデモンストレーションを見せてもらっています。その後、ブレイはこの技術を自分のスタジオで再現し、そのほとんどに特許権を申請して、マッケイを訴えようとしましたが、正義は勝ち、マッケイはブレイから使用料を受け取ることになったのです。

（2）Bendazzi, *CARTOONS*, pp.20-21.
（3）同前。
（4）Bendazzi, *CARTOONS*, pp.18-20. キャヴァリア、前掲書、六五頁。
（5）同前。
（6）Bendazzi, *CARTOONS*, pp.23-24.
（7）山口且訓・渡辺泰『日本アニメーション映画史』（有文社、一九九九年）二四―二八頁。
（8）同前。
（9）同前。
（10）山口・渡辺、前掲書、二八頁。
（11）山口・渡辺、前掲書、四一―四二頁。山口康男編著『日本のアニメ全史――世界を制した日本のアニメの奇跡』（テン・ブックス、二〇〇四年）二八―二九頁。
（12）同前。
（13）山口・渡辺、前掲書、二三―二四頁。
（14）山口・渡辺、前掲書、二八―四四頁。
（15）同前。
（16）同前。
（17）山口・渡辺、前掲書、四三―四五頁。

(18)山口康男、前掲書、六〇―六一頁。
(19)手塚治虫『手塚治虫――僕はマンガ家』(日本図書センター、一九九九年)三三頁。
(20)セバスチャン・ロファ『アニメとプロパガンダ――第二次大戦前の映画と政治』古永真一・中島万紀子・原正人訳(法政大学出版局、二〇一一年)二八五―三三七頁。ニール・ゲイブラー『創造の狂気――ウォルト・ディズニー』中谷和男訳(ダイヤモンド社、二〇〇七年)四〇―四二頁。
(21)ロファ、前掲書。
(22)ロファ、前掲書、三三二頁。
(23)ロファ、前掲書、三三一―三三二頁。
(24)ロファ、前掲書、三八〇―三八一頁。
(25)ロファ、前掲書。
(26)山口・渡辺、前掲書、四六頁。
(27)同前。
(28)山口・渡辺、前掲書、四六―四七頁。
(29)同前。
(30)同前。
(31)山口・渡辺、前掲書、五一頁。山口康男、前掲書、六四―六五頁。
(32)同前。
(33)山口康男、前掲書、六五頁。
(34)手塚、前掲書、一七一頁。

(35) 手塚、前掲書、一七五―一七七頁。
(36) 手塚、前掲書、一七六頁。
(37) ゲイブラー、前掲書、二一―二三頁。
(38) 同前。
(39) ゲイブラー、前掲書、二一―二四頁。
(40) 同前。
(41) ゲイブラー、前掲書、二五―三一頁。
(42) ゲイブラー、前掲書、四〇―四二頁。
(43) ゲイブラー、前掲書、四五―五七頁。カルステン・ラクヴァ『ミッキー・マウス――ディズニーとドイツ』柴田陽弘・眞岩啓子訳（現代思潮新社、二〇〇二年）一〇―一七頁。
(44) ゲイブラー、前掲書、五六―五七頁。
(45) ゲイブラー、前掲書、六二―六四頁。
(46) 同前。
(47) ゲイブラー、前掲書、六七―一〇三頁。
(48) キャヴァリア、前掲書、八八―九一頁。
(49) ゲイブラー、前掲書、二二二―二二五頁。
(50) ゲイブラー、前掲書、二六〇―三一〇頁。
(51) ゲイブラー、前掲書。山口康男、前掲書、六五―六六頁。
(52) 同前。
(53) 同前。

(54) 山口・渡辺、前掲書、五八―五九頁。
(55) 同前。
(56) 同前。
(57) 山口・渡辺、前掲書、六〇―六一頁。
(58) 同前。
(59) 同前。
(60) 山口・渡辺、前掲書、六一頁。
(61) 山口・渡辺、前掲書、六一―六二頁。
(62) 山口・渡辺、前掲書、六三―六四頁。
(63) 同前。
(64) 同前。
(65) 山口康男、前掲書、六八頁。
(66) 山口・渡辺、前掲書、六六頁。
(67) 手塚、前掲書、九八―一一六頁。
(68) 同前。
(69) 手塚、前掲書、二三二頁。
(70) 山口・渡辺、前掲書、六六―六九頁。
(71) 同前。
(72) 同前。
(73) 山口・渡辺、前掲書、七〇頁。

(74) 山口・渡辺、前掲書、七一―七二頁。山口康男、前掲書、七〇―七一頁。
(75) 山口・渡辺、前掲書、七一―七二頁。
(76) 同前。
(77) 山口・渡辺、前掲書、七一―七三頁。
(78) 本文は、『映画評論』三十六号に掲載された文ですが、山口・渡辺、前掲書、七二―七三頁より引用しました。
(79) 手塚、前掲書、二三二―二三三頁。
(80) 山口・渡辺、前掲書、七三頁。
(81) 手塚、前掲書、二〇〇―二〇二頁。渡辺泰、前掲書、八〇―八一頁。
(82) 同前。
(83) 同前。
(84) 山口・渡辺、前掲書、九八―一〇一頁。
(85) 同前。
(86) 山口・渡辺、前掲書、一〇二―一〇三頁。
(87) 同前。
(88) 山口・渡辺、前掲書、九一―九四頁。手塚、前掲書、二三一―二三二頁。
(89) 同前。
(90) 同前。
(91) 山口・渡辺、前掲書、一五九頁。手塚、前掲書、二三六―二三七頁。
(92) 同前。
(93) 山口・渡辺、前掲書、一五九―一六〇頁。手塚、前掲書、二三七―二三八頁。

ハンナ・バーベラ・プロダクションは一九五七年にウィリアム・ハンナとジョセフ・バーベラによって設立されました。『宇宙家族ジェットソン』や『トムとジェリー』で知られています。
(94) 同前。
(95) 手塚、前掲書、二四一頁。
(96) 山口・渡辺、前掲書、一六〇—一六一頁。手塚、前掲書、二三七—二四一頁。
(97) 日本映画監督協会編『アニメ監督ってなんだ！～杉井ギサブロー監督／りんたろう監督～対談』より。
(98) 大塚康生『作画汗まみれ』（文藝春秋、二〇一三年）一四〇頁。
(99) 山口・渡辺、前掲書、一六一—一六二頁。手塚、前掲書、二五〇—二五九頁。フレッド・ラッド／ハーヴィー・デネロフ『アニメが「ANIME」になるまで——『鉄腕アトム』、アメリカを行く』久美薫訳（ＮＴＴ出版社、二〇一〇年）一一—五六頁。
(100) 手塚、前掲書、二四七頁。
(101) キャヴァリア、前掲書、一九〇頁。

第8章　現代日本のアニメ

1　アニメ（ANIME）とは

海外でも通じるようになった日本語の「さようなら」「サヨナラ」には本来別れの意味はなく、もともとは「さようならば」という接続詞であり、結論へと導くための言葉でした。つまり「さようならば」と、いったん話を区切り「これにて失礼します」とあいさつ語を述べるのが、本来の正しい別れの言葉でした。「こんにちは」「こんばんは」も同様です。「今日は、良いお日柄で」あるいは「今晩は、穏やかな日です」と、後に続く言葉が省略されています。外来語は特に顕著であり、「コンビニエンス・ストア」は「コンビニ」となり、「パーソナル・コンピュータ」は「パソコン」に略されます[1]。

「アニメ」という言葉は、日本と海外では意味が違ってとらえられています。日本で「アニメ」と呼べば、それは単にアニメーションを省略した言葉です。それはアルバイトをバイトと略し、スマートフォンをスマホと略す、日本特有の言語文化です。

しかし、海外の人が使うときの「アニメ」とは、一般的なアニメーションのことではありません。それは「現代の日本で作られる商業アニメーション」である「リミテッド・アニメーション」を指す言葉だと考えられているのです。もうすこし正確にいえば、実はそれはリミテッドである必要すらありません。本書でいう「アニメ」とはもちろんこの「日本製の商業アニメーション」のことを指しています。

なぜ、アニメという言葉が日本と海外で違うのでしょうか。

それは、日本でのアニメは単なる省略語であったのに対して、海外でのアニメという言葉には、その成立自体に小さな歴史があったからです。海外でのアニメーションは、（最も成功をおさめたディズニーのアニメーションもそうですが）子供に向けた、子供のためのエンターテインメントです。ストーリーもキャラクターも子供のためにつくられたものでしかありません。つまり海外で制作・放送されているアニメーションは基本的には、毒のない、毒を見せてはいけない、家族団らんで観て安心できることが条件だったのです。

そのため、その内容は「ドタバタ・コメディ」であり、「勧善懲悪の物語」であり、「永遠の愛を誓い合うラブ・ストーリー」などでした。それらを演じるのは擬人化された動物たちであり、人間自身ですが、そこに複雑なストーリーや性格描写、間違っても「悪を魅力的に描く」ことなどはありえなかったのです。つまり、海外で制作放送されていたアニメーションには道徳的な絶対条件が付されていて、それは幼い子供たちにとっては問題のないことでしたが、ある年齢を超えると、つまらないと映るようになっていたのです。

日本の商業アニメーションであるアニメは違いました。アニメには、大人たちに向けた実写映画にあるすべての表現があります。暴力もセックスも、嫉妬や裏切りや死や悲劇も、屈折した性格の主人公も魅力ある敵役も、そこには複雑な性格や重厚な物語が存在するのです。単純な物語のアニメーションを観ていた海外の視聴者は、アニメの複雑な内容に魅了されました。それまでの単純な性格の主人公や物語に飽きていたことが原因の一つだと推測できるのです。近年では、日本のアニメの映像美への評価も増えてきましたが、その根源的な魅力は、アニメのもつ「多様性ある物語」です。アニメが持つ多彩な題材、複雑なストーリー、多様なキャラクターが、アニメが海外の視聴者・観客に受け入れられた大きな要因なのです。

この問題は海外で作られているアニメーションが劣っていて、日本で作られるアニメが優れている、ということでは全くありません。本来のアニメーションの魅力、「動き」だけを考えれば、圧倒的にアメリカなどで作られていたフル・アニメーションのほうが優れているといえるかもしれません。極論すれば、現在の日本のアニメ業界総動員で、五〇年前に作られた『トムとジェリー』のシリーズを作れといわれても、それは不可能でしょう。日本のアニメ業界の中にフル・アニメーションを作れる人材は限られていて、また育てても来ませんでした。ほとんどのアニメーターはフル・アニメーションの経験がないのが現状なのです。アニメという産業が発達した現在の日本でも半世紀前のアメリカのフル・アニメーションを作ることは不可能なのです。実際に『トムとジェリー』【図1】のアニメーションとしてのクオリティは非常に高いものでした。一九四〇年から一九五八年の一九年間の間に、『トムとジェリー』は一三回、アカデミー短編賞にノミネートされ、そのうち、七回受賞しています。[2]

もちろん、『鉄腕アトム』を制作した当時、手塚治虫もそれはわかっていたことでしょう。その当時は圧倒的な資本力の差でフル・アニメーションを作ることができず、現在ではフル・アニメーションを作る人材がいなくて、作ることができません。もちろん、もしもそういった需要があったとして、です。

図1　『トムとジェリー』

しかし、それを補うように生まれたのものが「アニメ」です。動きよりも物語性を重視し、資金の足りなさをアイディアで補いました。確かに、予算やスケジュールの厳しさを、物語性でカバーしようとしたわけですが、それを助けた大きな要因があります。日本のテレビの番組編成です。日本のアニメはテレビと共に発展しました。

番組編成について、一九九七年に日本民間放送連盟が発行した『放送ハンドブック（新版）』には以下の記述があります。

日本の民放テレビ局の番組改編は、四月と十月の二回が基本だが、最近は連続ドラマの切り替え時期に合わせて、七月と一月にもミニ改編が行われている。

基本である年二回の改編は、スポンサーとの契約が六カ月単位を原則にしていることと、**プロ野球のナイター期か非ナイター期かの違いの二つの要素が大きく作用している。**(3)

日本のテレビ番組は、最近まで、プロ野球中継を中心に組まれていました。一九九四年一〇月八日の「中日ドラゴンズ対読売ジャイアンツ戦」の視聴率は、関東地区(フジテレビ)四八・八%で、プロ野球公式戦の最高視聴率を生んでいます。(4)そういった時代のなかでの編成だったのです。テレビ局は、まず視聴率の王様であるプロ野球中継を最初に番組編成に組み込み、その次に、あいた時間帯に他の番組を組みました。前述のようにミニ改編というのも存在しましたが、大きくはプロ野球が始まる四月からそれが終わる一〇月までと、プロ野球中継がない季節に分かれます。当然、テレビ番組はこの半年間、あるいは一年を基準に作られます。

アニメもその番組編成のなかで作られたため、海外の番組編成のアニメーションのような一話完結の単純なストーリーではなく、大河ドラマのように半年、あるいは一年をかけて、深い物語、厚い人物描写が可能になったのです。それを証明するのが次の作品群です。

『宇宙戦艦ヤマト』(石黒昇演出)は一九七四年一〇月六日から一九七五年三月三〇日、読売テレビ放送・日本テレビ放送網で放送されました。『機動戦士ガンダム』(富野喜幸監督)は一九七九年四月七日から一九八〇年一月二六日、『超時空要塞マクロス』（石黒昇監督）は、一九八二年一〇月三日から一九八三年六月二六日、『新世紀エヴァンゲリオン』（庵野秀明監督）は一九九五年一〇月四日から一九九六年三月二七日まで放送されました。これらの作品は世の中に非常に浸透し、日本のアニメ・ブームを作りました。いやブーム以上のもの、一つの文化を築いたエポック・メイキングと呼ばれる作品群です。アニメの物語性を説くとき、マンガとの関連を示す研究者も多いのですが、これらの作品は原作を持ちません。アニメスタッフが創り出したオリジナル・ストーリーです。半年以上の時間をかけて物語を作ることによって、複雑なストーリー展開や世界観の構築、多彩な人物描写を可能としたのです。

この複雑な物語と世界観、魅力あるキャラクターたちの新しいメディア「アニメ」を、海外の視聴者・観客はそれまでのアニメーションとは異質なものと理解したのです。最初は、日本で生まれたアニメーションであるので「ジャパニメーション」Japanimation と呼びました。しかし、この言葉は日本人に対する差別語である Jap と animation の合成語であるとわかり、日本人自らが「アニメ」と言うように「ANIME」と呼ぶようになりました。

「アニメ」とは日本製の商業アニメーションにほかならないのです。

2　その影響力、その理由

「アニメ」の世界的な影響力を語るエピソードがあります。

ぼくは旧ユーゴの各都市を旅して回っていた。内戦中、各都市の独立系メディアやサブカルチャーがどんな活動をしていたか調べるためだ。廃墟のようなサービスエリアの残る高速道路、落とされた橋、はげしく壊された建築物〔中略〕一歩足を踏み入れて驚いた。そこには三枚の大きなパネルが壁にかけられていた。一つは、大きなミッキーマウス型の耳をした毛沢東の絵だった。二つ目はメキシコ、それもチアパス地域の地図にEZLN（サパティスタ民族解放戦線）のマークをあしらった絵のパネルだった。三つ目のそれを見て絶句した。何とそれは大友克洋の『アキラ』の一シーンの大きなパネルだった。粉々に倒壊していくビル群を背中にして、あの「健康優良不良少年」である金田がふきだしのなかで言っていた、「So, It's begun!」と。〔中略〕よく聞けば、このパネルはサラエボがセルビア勢力に包囲されている最中からかかっていたそうである。(5)

評論家の上野俊哉（一九六二～）が一九九七年三月に旧ユーゴの都市を回っていたときのエピソー

ドです。ユーゴスラビアから独立したボスニア・ヘルツェゴビナで、一九九二年から九五年まで続いた紛争は宗教的理由から昨日までの隣人が隣人を殺し、「民族浄化」の名のもとに、異人種に対する見せしめ的な殺人、強姦、あるいは大量虐殺が行われました。血で血を洗うような凄まじく痛ましい状況は、ニュース映像等で日本人の記憶にも鮮明に残っているのではないでしょうか。

そんな状況のなかで、日本のアニメのキャラクターが一種のシンボルとして、敵兵力に囲まれた各国ジャーナリストのたまり場に掲げられていたのです。このことを上野俊哉は自著で「そのときのショックは忘れることができないだろう」と綴っています。それに注目したアニメ研究者がいます。スーザン・J・ネイピア(6)(一九五五〜)です。彼女もこのことで日本のアニメに対する欧米の人々への影響力に驚きました。

上野のエピソードにはとても感慨深いものがある。確かに、テクニカルな点から見ても、アニメーションの傑作である『AKIRA』は手の込んだ大作といえる。一九八九年にはじめて海外で上映された時、観客は興奮し、当惑し、啓発される人もいたほどだ。しかし、それにしてもその四年後に、サラエボの壁に反体制勢力のアイコンとしてその一シーンが描かれるとは誰が予想しただろう。欧米に『AKIRA』がはじめて登場した頃、アニメーションはまだマイナーな芸術形態で、子ども向けでもなければ、一般向け映画でもない抽象的芸術作品として見なされることが多かったのである。とりわけ日本製アニメーションは過小評価されていた。(7)

子供向けの娯楽と見られていた日本のアニメが、戦場の廃墟の中で反体制勢力のアイコンとなった事実は、アニメの驚くべき影響力の証明でした。またネイピアはここで、非常に重要な点を指摘しています。「文化において最も価値のある特性とは、その独自性である」と指摘した著名な文化人類学者アルジュン・アパデュライ（一九四九〜）の言葉を引用したうえで、次のように続けています。

アニメの一つの顕著な特性は、『タイム』誌の論説ではっきりと指摘されているように、支配的なアメリカン・ポップカルチャーとの差違が目立つ点である。スーザン・ポイントンは以下のようにするどく指摘している。「輸入された時点でアメリカのマーケットに合わせて修正される他のメディアと比べた時、アニメの驚くべきところは、ストーリーがアメリカ人受けするように折衷されていない点だろう[8]」

筆者はこの「ストーリーがアメリカ人受けするように折衷されていない」という点に注目します。現実にほとんどの映像ドラマや映画は、世界第一位の経済大国で、最も大きな市場であるアメリカに輸出されるとき、現地アメリカの文化・習慣に合わせて修正されます。簡単な例をあげれば、日本で『Shall we ダンス？』という映画が成功し、それをアメリカ市場に輸出するとき、題名も『Shall We Dance ?』となり、アメリカ人の俳優によって、アメリカを舞台にリメイクされるのです。日本を舞台に日本人俳優が演じても、アメリカ人観客に受け入れられないと彼らは信じているからです。

一九五四年に公開された映画『ゴジラ』も日本で大ヒットし、アメリカにも輸出されました。ゴジラはアメリカ人にとっても人気のある映画であり、怪獣です。しかし、アメリカに輸出された映画『ゴジラ』は題名も『Godzilla, King of the Monsters !』となり、アメリカのスターであるレイモンド・バーの出演を追加し、再編集されました。主人公は日本人ではなく、アメリカ人であるようにみせる必要があると、アメリカの映画業界は考えたからでしょう。リメイクや内容の修正によって、アメリカに輸入される映像ドラマや映画は「アメリカ用に変更」されるのです。

こうしたアメリカの文化や習慣に加えて、テレビ番組であればそのテレビ局のルールに合わせて完成された映像ドラマが変更されることは一般的なことでしたし、輸出する側は受け入れるべきものと信じていました。しかし、日本のアニメはこういったルールに迎合しなかったのです。つまり、日本で作られた状態のまま、ほとんど再編集されることなく、アメリカやヨーロッパあるいはアジア各国で放送されました。結果、日本のアニメが世界に認められたのです。なぜ輸出される時に変更されなかったのか、その理由は定かではありませんが、大きな可能性のひとつとして、最初に輸出された日本のアニメ『鉄腕アトム』がルールを作ったのではないかと筆者は推測します。手塚は『鉄腕アトム』のアメリカ放映について以下のように記しています。

『アストロ・ボーイ』〔NBCの提案でタイトルのみ変更することを、手塚は納得し許可した〕は、順調にニユーヨークや、その他の地で放映を開始した。なによりも自慢したかったのは、その番組のクレジット・タイトルに、虫プロダクションやスタッフやぼくの名が、はっきり出ることであった。これは配給契約としたから当然のことで、NBCではダビング〔このダビングは音響製作のこと〕以外、無断でフィルムをいじることができないのだ。これが買い取り契約だと〔中略〕フィルムをバラバラに編集しなおそうが自由なのである。それまでの日本製フィルム番組は、NHKのもふくめて、すべて外国では買い取り契約だった。(9)

手塚が言うように、配給契約を結んだ結果、日本のアニメ『鉄腕アトム』はタイトルのみ変更し、アメリカでの再編集を受けることなく放送されました。ここで重要なことは、これが輸出された日本のアニメの第一号であるということです。つまり通常、ルールは最初の作品がもととなり決められるからです。最初にルールが決められれば、それ以降はそのルールを基準に運用（ビジネス交渉の最良の材料に）されます。手塚は自身が意識せずに、アニメのビジネス・モデルを作りあげたのです。

アニメ業界には、『鉄腕アトム』によって最初の低予算が決められ、現在のアニメーター、アニメスタッフが苦しんでいると、手塚を非難する声があるのも事実です。しかし、『鉄腕アトム』によって、日本のアニメがアメリカ市場で再編集されることなく、放送されるようになった実績を作ったことも事実です。そして、それによって、日本のアニメは日本のアニメらしく放送されました。「アメリカ用に変更」（Americanization）されないルールを築いた手塚の努力はアニメの発展につながりました。この手塚の功績をわたしたちは認めるべきでしょう。

3　アニメの現在――数字から

二〇〇三年七月にカルチャー・ジャーナル誌『Invitation』第五号で「ジャパニーズ・ドリームはアニメにある」という特集が組まれました。


1996年、『攻殻機動隊』が全米ビルボードでビデオセールス1位を記録。

1999年、『ポケットモンスター』が全米映画興行成績1位を記録。

2003年、『千と千尋の神隠し』がアカデミー賞を受賞。

CDが売れない、テレビの視聴率が上がらない、コミックが不調だ。そんな不況なカルチャー・エンターテインメントの領域において、注目なのが、「アニメーション」というビジネスの世界。(10)


右記は、特集記事のタイトル下のキャッチに使用された文章です。非常に勇ましい文章ですが、記事の内容は事実です。アニメーションの市場は一九七〇年に二六億円でしたが、二〇〇一年にはほぼ二〇〇〇億円規模に膨れ上がっています。老舗の東映アニメーション（旧・東映動画）一社でも、その売り上げは二〇〇〇年に約九七億円でしたが、二〇〇一年には一四八億円、二〇二〇年には五〇〇億円以上に伸びています[11]。二〇二二年一月に、日本映画製作者連盟が発表した前年の邦画の興行収入ベストテンは以下の通りです（グレーはアニメ作品を示します）。

二〇二一年度（令和三年）興収一〇億円以上番組（令和四年一月発表）[12]

順位	公開月	作品名	興収（単位：億円）	配給会社
1	3月	シン・エヴァンゲリオン劇場版	一〇二・八	東宝／東映／カラー
2	4月	名探偵コナン　緋色の弾丸	七六・五	東宝
3	7月	竜とそばかすの姫	六六・〇	東宝
4	11月	ARASHI Anniversary Tour 5×20 FILM "Record of Memories"	四五・五	松竹
5	7月	東京リベンジャーズ	四五・〇	WB
6	6月	るろうに剣心　The Final	四三・五	WB
7	20年12月	新解釈・三國志	四三・〇	東宝
8	1月	花束みたいな恋をした	三八・一	東京テアトル／リトルモア
8	9月	マスカレード・ナイト	三八・一	東宝
10	8月	僕のヒーローアカデミア THE MOVIE ワールドヒーローズミッション	三三・九	東宝

（年間入場者数：一億一四八一万八〇〇〇人　※前年比一〇八・二％）

同様に直近四年間のデータは次の通りです。

二〇二〇年度（令和二年）興収一〇億円以上番組（令和三年一月発表）

順位	公開月	作品名	興収（単位：億円）	配給会社
1	10月	劇場版「鬼滅の刃」無限列車編	四〇四・三	東宝／アニプレックス
2	7月	今日から俺は!!　劇場版	五三・七	東宝
3	7月	コンフィデンスマンJP　プリンス編	三八・四	東宝
4	8月	映画ドラえもん　のび太の新恐竜	三三・五	東映
5	8月	事故物件　恐い間取り	二三・四	松竹
6	8月	糸	二二・七	東宝
7	9月	劇場版　ヴァイオレット・エヴァーガーデン	二一・三	東映
8	1月	カイジ　ファイナルゲーム	二〇・六	東映
9	8月	劇場版　Fate/stay night［Heaven's Feel］III. spring song	二〇・二	アニプレックス
10	19年12月	僕のヒーローアカデミア THE MOVIE ヒーローズ：ライジング	一七・九	東宝

（年間入場者数：一億六一三万七〇〇〇人　※前年比五四・五％）

二〇一九年度（令和元年）興収一〇億円以上番組（令和二年一月発表）

順位	公開月	作品名	興収（単位：億円）	配給会社
1	7月	天気の子	一四一・九	東宝
2	4月	名探偵コナン　紺青の拳（フィスト）	九三・七	東宝
3	4月	キングダム	五七・三	東宝／SPE
4	8月	劇場版「ONE PIECE STAMPEDE」	五五・五	東映
5	3月	映画ドラえもん　のび太の月面探査記	五〇・二	東宝
6	1月	マスカレード・ホテル	四六・四	東宝
7	18年12月	ドラゴンボール超　ブロリー	四〇・〇	東映
8	2月	翔んで埼玉	三七・六	東映
9	9月	記憶にございません！	三六・四	東宝
10	7月	ミュウツーの逆襲　EVOLUTION	二九・八	東宝

（年間入場者数：一億九四九一万人）

二〇一八年度（平成三〇年）興収一〇億円以上番組（平成三一年一月発表）

順位	公開月	作品名	興収（単位：億円）	配給会社
1	7月	劇場版コード・ブルー―ドクターヘリ緊急救命―	九三・〇	東宝
2	4月	名探偵コナン　ゼロの執行人（しっこうにん）	九一・八	東宝

3	3月	映画ドラえもん　のび太の宝島	五三・七	東宝
4	6月	万引き家族	四五・五	GAGA
5	8月	銀魂2　掟は破るためにこそある	三七・〇	WB
6	17年12月	DESTINY　鎌倉ものがたり	三二・一	東宝
7	6月	カメラを止めるな！	三一・二	アスミック・エース／ENBUゼミナール
8	7月	劇場版ポケットモンスター　みんなの物語	三〇・九	東宝
9	8月	検察側の罪人	二九・六	東宝
10	7月	未来のミライ	二八・八	東宝

（年間入場者数：一億六九二一万人）

二〇一七年度（平成二九年）興収一〇億円以上番組（平成三〇年一月発表）

順位	公開月	作品名	興収（単位：億円）	配給会社
1	4月	名探偵コナン　から紅の恋歌（ラブレター）	六八・九	東宝
1	3月	映画ドラえもん　のび太の南極カチコチ大冒険	四四・三	東宝
3	7月	銀魂	三八・四	WB
4	7月	劇場版ポケットモンスター　キミにきめた！	三五・五	東宝
5	7月	君の膵臓をたべたい	三五・二	東宝

6	7月	メアリと魔女の花	三二・九	東宝
7	16年12月	映画妖怪ウォッチ　空飛ぶクジラとダブル世界の大冒険だニュン！	三二・六	東宝
8	2月	劇場版 ソードアート・オンライン―オーディナル・スケール―	二五・二	アニプレックス
9	7月	忍びの国	二五・一	東宝
10	6月	22年目の告白―私が殺人犯です―	二四・一	WB

（年間入場者数：一億七四四八万三〇〇〇人）

五年間のデータを通してみると、ベストテンのうちほぼ半分の作品が、手描きのアニメだということがわかります（二〇二〇年、二〇二一年はコロナ禍という特殊な状況があり、少し多めのデータを提示しました）。このデータから現在の映画産業界は、アニメなしでは存続できない状況にあるとさえいえるでしょう。これはアニメ業界が元気であるというより、実写映画界に元気がない、ということかもしれません（二〇二〇年度の入場者数が前年比五四％というのは、コロナ禍という特別の事情があります）。

実写としての日本映画は、一九六〇年に年間五四七本を制作し、産業として頂点に立ちました。それを担っていたのは、大手六社が毎週二本の割合で観客に送り届けてくるプログラム・ピクチャーでした。プログラム・ピクチャーとは、特定の映画会社が制作・配給・興行を一手に支配して、映画館で上映する作品も映画会社が決定権を握り、そのスケジュールも映画会社の管理によって行われ、上映される映画です。しかし、この年を頂点に、日本の映画産業は衰退します。**一九五八年に年間一一億人強だった入場者数は、五年後の一九六三年には途端に半分以下の五億人**ほどになったのです(13)。

一方アニメは、この一九六三年に、本格的なテレビアニメである『鉄腕アトム』が放送されました。同じ年に、東映動画は『狼少年ケン』を、エイケンは『鉄人28号』を制作・放映します。三本のテレビシリーズで始まった日本のアニメは、一〇年後の一九七三年には年間一九本に、二〇〇〇年には年間六〇本、そして二〇一五年には年間九〇本になるのです。多い年には年間一〇〇本を超え、二〇二一年三月時点（三月一〇日〜四月九日放送）で九一本です(14)。

ここで、アニメ制作現場の現状を知るため、稼働しているアニメ人口（アニメーターおよびアニメスタッフの最小稼働見込み人数）の算出を試みてみましょう。

一般的にアニメのテレビシリーズを制作する時は、スタッフを五〜六班に分けます。つまり、一班が五〜六週間をかけて作画を行うのです。一班のアニメーター（原画マン）は七、八〜一二、一三人前後です。もっと少ない時もあれば多い時もあります。便宜上、もっとも少なく班分けを見積もり、五つの班分けを考えて試算します。一班の原画マンを平均的に一〇人と見積もれば、一つのテレビシリーズ五班には、一人の監督、五人の演出、五人の作画監督、一〇人×五班＝五〇人の原画マンが必要です。日本の動画マンは一ヶ月（約四〜五週間）に五〇〇〜六〇〇枚の動画を描くのが平均的です。

平均的なテレビアニメでは、一話につき四〇〇〇～四五〇〇枚の動画が必要ですから、一班につき（四五〇〇枚÷六〇〇＝）七・五人の動画マンが必要になります。五班で三七～三八人です。彩色スタッフは動画マンより多少すくなくてよいので、五人程度と考えます。簡単に数式化すると以下の通りです。

演出一人＋作画監督一人＋原画一〇人＋動画七・五人＋彩色五人＋制作進行一人＝二五・五人（最小スタッフ人数）

これに動画を検査する動画チェッカー一人、キャラクターの色を決め、色が塗りあがったものをチェックする色指定とセル検査（通常兼任）一人、制作を管理する制作進行一人が加わり、最も少ない構成で、一班二八・五人×五班＋監督一人＋キャラデザイン一人が加わり一四〇人強が、テレビシリーズのプリプロダクション（撮影以前の作業）に必要になります。この他に美術監督一人と背景スタッフ五～六人、撮影監督一人と撮影スタッフ五～六人が加わり、撮影されるまでに一六〇人以上が必要だとわかります。

実際には、例えば作画監督が一人ということはほとんどなく、多い時には作画監督が一〇人を超えるような作品を目にするときもあります。

二〇一五年時点で、九〇本のテレビシリーズがありましたが、単純計算で各作品最小スタッフ人数

×作品数は、一六〇名×九〇本であるので、一万四四〇〇人。もちろん、これは机上の計算で最低人数を出したものです。前述のように、作画監督を含めてもっと大勢のスタッフが稼働しますから、一万五〇〇〇人から二万人が最低必要人数ではないでしょうか。

JAniCA（日本アニメーター・演出家協会）という二〇〇七年に設立された団体があります。日本のアニメーターや演出家の環境改善と相互扶助を目的に、アニメーターたちで作られた団体です。この団体の二〇一七年の報告書[15]によれば、日本の国内アニメーターの推定人数は原画二二〇〇人〜三一〇〇人、動画六〇〇人〜一〇〇〇人程度、つまり最大四〇〇〇人ほどということです。もちろんこの数字には、声優や音響スタッフ等は含まれていません。実際にアニメーターやアニメスタッフの人口統計をとったことがなく、正確な人数はわからないのですが、JAniCAの発表を考慮しつつ、実はその二倍の人間がアニメーション制作に関わっていると想定しても、最大で日本のアニメ人口は一万人以内であろうというのが筆者の予測です。

二〇一五年時点で一万五〇〇〇人から二万人が必要であったのに、その大きな差である五〇〇〇から一万の数字はどこに消えたのか。それには二つの要素が考えられます。

一つは、上記の数字は延べ人数であるため、多くのスタッフがいわゆる「掛け持ち」をしていることです。一人のアニメーター、一人の演出家は一つの作品ではなく、複数の作品を手掛けています。ただ、そうしたことで（一人の人間の作業量は変更しようがないため）、制作期間（作画期間）は必然的に長くなり、しかし一つ一つの作品のスケジュールは決まっているため、アニメーターやアニメスタッフは過密スケジュールに追われ、疲弊していきます。

もう一つの方法は、原画・動画・彩色・背景などの作業を日本国外へ発注することです。日本のアニメーターやアニメスタッフが足りないので、韓国・中国・台湾・フィリピン・ベトナム等、海外へ仕事を発注してきました。こうすれば、作品は（安く）あがります。しかし、品質の管理は難しくなるのです。

このアニメーターやアニメスタッフの「掛け持ち」と「海外への発注」は当然にスタッフの疲弊と産業の空洞化という事象に結びつきます。日本の多くの産業が安い労働費を求め、海外に出て、結果、地場産業は崩壊しました。筆者の地元である岐阜県岐阜市の駅前は四〇年前、それは賑やかな繊維問屋街でしたが、いまはいわゆるシャッター商店街化しています。一九八〇年代のプラザ合意による円高を背景とした工場の海外移転は、海外生産が国内生産を代替することでした。企業は海外の安価な労働力を手に入れることで、製品に競争力をつけることに成功しましたが、それは技術の流出を意味し、その結果産業の空洞化を招きました。それはアニメーション業界にも当てはまるのです。

非常に危うい労働力、厳しいスケジュール環境の中で、現在の日本のアニメは存在しているのです。

4　アニメの現在——システムから

二〇一三年九月一八日の朝日新聞に以下の記事が載りました。

公開中の『風立ちぬ』の興行収入が11日、100億3千万円に達した。日本映画で100億円を超えたのは8本目。うち5本を宮崎作品が占めた。しかし鈴木さん〔プロデューサー〕は喜んでいない。まだ採算ラインに届いていないのだという。(16)

一般の人にとっては非常に不思議な記事ですが、映画興行の計算式（後述）に当てはめると、一〇〇億円の興行収入であれば、製作委員会に戻ってくる金額は五〇億円ほどです。つまり、「この作品の実質的な制作費は五〇億円以上だ」と鈴木敏夫プロデューサーは表明したわけです。一方で、同じ劇場公開作品であっても一億円程度で作られるアニメ作品もあります。映画やアニメーションは芸術ですが、同時に産業という面も強くあります。いえ「産業という面も」ではなく、映画やアニメの成り立ちから考えれば、産業という面が非常に大きな比重を占める芸術形態なのです。一億円で作られた作品と五〇億円で作られた作品を、その物語や映像や動き、その内容だけで評価してよいものなのか。もちろん、観客にとっては同じ入場料（金額）を払うわけですから、制作費の大小は関係ないでしょう。

しかし、明らかに「詩」や「小説」、あるいは「絵画」などとは違う芸術形態である「映画」「アニメーション」あるいは「アニメ」を、単純に「小説」や「絵画」などと同じ方法で、評価するということに違和感を覚えるのは当然ではないでしょうか。産業としての要素が大きすぎるのです。このような「芸術」であり、「産業」である作品を評価する新しい方法が試みられるべきかもしれません。

現在、日本でアニメを制作する場合は、ほとんどが製作委員会方式をとります。実写映画でも同様です。製作委員会方式とは、大きな資金が必要な映像産業において、複数の会社で資金を出し合い、出資金のリスクを分散する方法です。民法上では任意組合です。たいていの場合は中心となる幹事会社が関係各会社に声をかけて、資金を募るのですが、出資会社がすべて決定した後で、幹事会社を決めるなど、方法は色々あります。作品が売れ、利益が出ると、その出資金の配分に応じて、利益を分配するのです。

まずここで問題になるのは、現在ではアニメ制作会社も製作委員会に加入することが多いことです。製作委員会に加入すれば、同じ契約を交わす組合員になるため、アニメを制作するにあたり、自らが契約を締結中であるため、即時に制作資金を求めることが難しくなります。規模も利益を出すシステムも違う会社と会社が、互いに契約を結ぶわけですから、各社の事情により契約書の文言にさまざま注文がつき、簡単に契約締結には到りません。アニメで現在多い制作本数のワンクール作品（一二〜一三話＝三ヶ月）であれば、すべての制作・放送が終えた後も、まだ契約締結できず、資金がアニメ制作会社に入らないということがよくあります。入ってこない資金をアニメ制作会社は銀行から借り入れるわけですが、後ほど入ってくる制作資金にはそれまでの利子が入っているわけではありません。利子は結果、アニメ制作会社が負担するのです。

二〇一五年一〇月一日に帝国データバンクより「TVアニメ『サムライチャンプルー』を手がけたアニメ制作会社　株式会社マングローブ　弁護士一任、自己破産申請へ　負債額3億5000万円」(17)という記事がネット配信で発表されました。この会社は資本金が一〇〇〇万円で二〇〇二年に創立された一三年目を迎える会社でした。その二年前、二〇一三年一〇月期には年収一〇億一七〇〇万円を計上していたのです。しかし、前年二〇一四年の一〇月期には四億六〇〇〇万円の年収であり、二〇一五年度は三億以上の負債を背負い会社を閉めました。クオリティの高い作品を作ると定評もあったので非常に残念です。今後、小規模のアニメ制作会社の倒産が増えることが予想されます。

日本のアニメ制作のシステムは歪《いびつ》です。日本のアニメ制作のシステムは、アニメーターやアニメスタッフにも負担を背負わせ、実はアニメ制作会社にも負担を背負わせているのです。「クールジャパン」「日本が誇る文化芸術産業」等、国内外での日本のアニメへの興味は高まり、一定の評価を得た現在、しかし、「アニメ」もまた映画産業のように衰退していく可能性が大きいのです。

最も参考になるのは映画産業だと考えます。

映画産業が衰退していった大きな理由は、よく知られているようにテレビの普及です。同じ映像メディアが発展し、人々は無料で見られるテレビを選択したからでした。しかし、それだけでないと推測することが可能です。映画界には産業の苦境期にそうした問題を打破しようとする新しい血（資本・人材）が入らなかったのでしょう。その大きな要因は現在もあまり変わらない映画産業の排他的で解りづらい興行システムです。たとえば、五億円の制作費で映画を作り、一〇億円の興行収入があった場合、一般に資金を提供した製作者は利益が上がったと喜びますが、実はこの金額では赤字になります。解りやすい簡単な数式にすると以下の通りです。

興行収入×0.5＝配給収入　　配給収入×0.8＝利益

左の式の0.5を歩率と呼び、興行収入の五〇％が配給会社に戻ることを意味します。つまり残りの五〇％が劇場の収入になります。もちろん、それぞれ任意契約であり、平均的と思われる数字を提出しました。

その配給収入から配給会社が二〇％～四〇％手数料を引き、残った金額が製作委員会に戻ります。もっと厳密に言えば、そこでも幹事会社が手数料を引きます。もっと単純にするため、フィルムのプリント代や宣伝費も抜いて考えてみましょう。

五億円の制作費で作られた作品が一〇億円の興行収入を得た場合、その五〇％である五億円が配給会社に渡ります。さらに良心的な配給会社が、最低ラインである二〇％の手数料一・八億円を差し引くと、三・八億円が製作委員会に帰ってくるのです。つまり製作者（製作委員会）である出資者は五億円を出資し、一〇億円を稼いだと喜ぶが、結果としては、実際には一億二千万円の赤字だったとわかるのです。この不可思議な数式が、外部からの新しい資本の流入を得られづらくなった原因の一つであろうと推測できるのです。

こういったシステム（数式）をもっと解りやすく、出資者にもっと還元できるようなシステムにしなければ、「映画」にも「アニメ」にも未来があるとは想像しづらい。どのような産業にも常に新しい血（スタッフの若返りや資本の流入）が必要だからです。

「制作印税」とよばれる一種の「報奨金」の還元も一案として考えられます。売り上げの利益からその何パーセントかを実務作業を行っているアニメ制作会社に還元する方法の採択です。作詞者や作曲者が印税を得られるように、出資をしていないアニメ制作会社にも制作印税を還元する方法が義務化されれば、日本のアニメ業界にも未来があります。

制作印税自体は現在のアニメの制作現場にもありますが、現実には、通常パッケージ（映画興行を終えた後にＤＶＤ化することなど）の僅か一～二％です（三％の制作印税を要求し受け入れられている制作会社もありますが、筆者が知る限り一社のみ）。それもたいていはある程度の売り上げを得た（制作費を回収）後で、ほとんど制作会社に還元されることがないのが実情です。

もちろんその印税はアニメーターやスタッフに還元されるシステムでなければなりません。制作印税一〇％の還元、そのうち、半分以上をアニメーター・アニメスタッフへ支払う等、具体的な施策が必要なのです。

非常に小さな共同体、圧倒的に足りない予算と制作スタッフで現代日本の「アニメ」は制作されています。いま、この時が、日本が生んだ「アニメ」という世界に認められた「映像文化」を守ることができる最後の機会なのかもしれません。世界に認められた「映像文化」であるということは、まだまだ大きくなる可能性もあるはずです。映画同様に「アニメ」も芸術であり、産業であり、文化です。しかし、産業であることを重要視しすぎて、現状を放置すれば、近い将来必ず日本の「アニメ」は崩壊します。そのことは、これまで述べた数字とシステムからも明らかなのです。

日本のアニメ制作会社がアメリカから下請け（実際は下請けですが、業界では「合作」と呼んでいました）をしていたのは、発注側のアメリカの経済規模が日本より上であったためです。同じテレビシリーズでも制作費は日本製の二倍ほどでした。これまで、経済規模が中国より上であったために、動画・仕上げ（彩色）を中国へ下請け発注していた制作工程も、経済規模が逆転すれば、日本のアニメ制作会社が中国の下請けに変わっていく状況も考えられるのです。

一企業だけの利益を追求するのではなく、法律の制定、官庁の指導（箱モノ行政ではなく）、制作スタッフへの利益還元システムの構築等、業界全体の未来を考えるときに、いま、来ているのです。

（1）大森亮尚『知っているようで知らない日本人の謎20』（PHP研究所、二〇一三年）。
（2）アメリカのアカデミー賞のデータベースによる［http://awardsdatabase.oscars.org/ampas_awards/DisplayMain.jsp?curTime=1449578051260］（二〇一五年一二月九日）。
（3）日本民間放送連盟編『放送ハンドブック（新版）』（東洋経済新報社、一九九七年）二六三頁。
（4）ビデオリサーチ社のデータベースによる［http://www.videor.co.jp/data/ratedata/junre/07baseball.htm］（二〇一五年一二月九日）。
（5）上野俊哉『紅のメタルスーツ――アニメという戦場』（紀伊国屋書店、一九九八年）八―九頁。
（6）スーザン・J・ネイピアは日本文学・文化研究家。現・タフツ大学教授。
（7）スーザン・J・ネイピア『現代日本のアニメ――「AKIRA」から「千と千尋の神隠し」まで』神山京子訳（中央公論新社、二〇〇二年）一八―一九頁。
（8）アパデュライの引用文は、ネイピア、前掲書、二五―二六頁より。Arjun Appadurai, *Modernity at Large: Cultural Dimensions of Globalization* (Minneapolis: University of Minnesota Press, 1996), p.12.
（9）手塚治虫『手塚治虫　僕はマンガ家』（日本図書センター、一九九九）二五九―二六〇頁。
（10）『Invitation』二〇〇三年七月号、通号第五号（ぴあ株式会社、二〇〇三年）三八頁。
（11）前掲、『Invitation』誌、六二―六三頁。東映アニメーション株式会社のホームページによる［https://corp.toei-anim.co.jp/ja/ir/finance/highlight.html］（二〇一二年三月一四日）。
（12）一般社団法人日本映画製作者連盟のホームページより［http://www.eiren.org/toukei/index.html］（二〇一二年一月二五日）。
（13）四方田犬彦『日本映画史１１０年』（集英社、二〇一四年）一六六頁。

(14) 編集制作・株式会社学習研究社『ANIME BIBLE 2002』(学習研究社、二〇〇二年)。小野寛編集『月刊ニュータイプ(11月号)』(KADOKAWA、二〇一五年)。角清人編集『月刊ニュータイプ(4月号)』(KADOKAWA、二〇二一年)。

(15) 一般社団法人日本アニメーター・演出協会『アニメ業界の現状と課題、支援策とは』二〇一七年六月二八日発表[http://www.janica.jp/press/20170628_CJ-haifusiryo.pdf](二〇二一年八月一七日)。

(16)『朝日新聞』二〇一三年九月一八日、朝刊、文化面。

(17) 帝国データバンクのWEB情報[http://www.tdb.co.jp/tosan/syosai/4093.html](二〇一五年一〇月二六日)。

第9章　結び

本書では、大きく二つの事象について考えてきました。

第一に、「映画」と「アニメーション」の関係です。

映画とは何か、アニメーションとは何かを知ることです。アニメーションが映画の単なる一ジャンルにすぎないのかどうか。それを知るということは、事典や辞書の定義に頼らず、映画とアニメーションを、これまでの既成概念にとらわれることなく定義することであり、映画の発明者は誰か、という疑問に答えを求めるものです。そのために、古代壁画の発見から動画映像の歴史をたどりました。

第二に、現代日本の「アニメ」についてです。

アニメーションとアニメは呼び名が違うだけで、実は同じものなのか、違うのか。その歴史的位置関係を確認し、その力（影響力）と現状を検証することです。それは結果的に、アニメの現状と未来を考察することにもなりました。

まず、映画とアニメーションの関係について、映像史からの検証です。

本書では「動く映像」に焦点をあててその歴史をたどりました。そこには映画が発明される以前にアニメーションが存在した事実があります。これは非常に重要なことです。

「写真」「アニメーション」「映画」の歴史の流れをみると、写真が生まれ、同時期にアニメーションが生まれ、映画が誕生したのですが、これらの誕生は、ひとつの明確な流れのなかで起こったわけではありません。アニメーションから映画へ、あるいは写真から映画へ繋がる道もあったのです。つまり、これらのものが発明され、あるいは誕生した頃、人々の心の中には、現代人が考える「静止画」から「動画」そして「動く写真」という流れだけではなく、次の流れも考えられたのです。


⑴最初に、実世界の映像を写し留めておきたいという願望から写真が発明された。そして、動きこそが生命である実世界のように、写真を動かしたいという願望があり、映画が誕生した。

⑵実世界の自然な動く映像を再現したいという願望から、アニメーションが生まれ、その素材を絵から写真に代え、映画が誕生した。


つまり、写真からアニメーションそして映画という単純な道筋だけではなく、歴史上では写真が映画の誕生に繋がったという見方もあれば、アニメーションから映画が誕生したという道筋もあったのです。

写真の発明自体も、カメラ・オブスクラの映像を捉え定着させることだけが目標ではなく、リトグラフの発明と普及にあらわれているように、一枚の原画から多数の画像複製を得る新技術への期待と欲求も強かったのです。写真を発明したニエプスなどもそうしたことを目指した発明家の一人でした。

こうした映像史を踏まえると、アニメーションが映画の一ジャンルであるという単純な発想には到らないのです。

次に、前述の映像史を踏まえたうえで、映画とアニメーションの関係を定義しました。

映画もアニメーションも、静止したもの（物体、あるいは人間等）にある効果を与えて、動きを表現します。ここで重要なことはアニメーションは「静止したものに動き（生命）をあたえる」という意味ですが、映画は「静止した**画像を順次投影**し、動きをあたえる」という機械構造的な意味あいが強いということです。

「シネマ」という映画を意味する世界共通語は、シネマトグラフからきています。しかし、シネマトグラフは映画を撮影し、投影する機械でした。ツェーラムやサドゥールが言うように、「映画は発明されたのではなく、誕生したのであり、発明されたのはシネマトグラフという機械」なのです。最初にして、最も成功した映画の機械とその上映システムにより、リュミエール兄弟は栄光を手にいれましたが、それが直ちに映画の発明のすべての栄誉を与えられるかというと、それは違うというのが筆者の主張です。そして、それは単に筆者だけの主張ではなく、サドゥールらの映画史研究家も同意見でした。歴史は混同・修正され、いつしか映画の発明がリュミエール兄弟だという不正確な情報が一般的になったのだと推測できます。

サドゥールらが言うように「映画は誕生したのであり、発明されたのはシネマトグラフという機械」であれば、「映画」と「アニメーション」の関係は現状とは変わってくるのです。現代では、アニメーションは映画産業の中に組み込まれた結果、便宜上映画産業のジャンル分けとして、戦争映画、SF映画、コメディ映画と同列にアニメーションは並んでいます。しかし、じつはもともとシネマ（シネマトグラフ）は動きを撮影し、投影する機械にすぎなかったのです。シネマ（シネマトグラフ）もムービー（Moving Picture）もその語意からは、静止した写真を動く映像として見せる機械であり、システムであるという意味です。

一方、アニメーションは動きそのものであり、静止したものに動きを与え、生命を与える芸術です。映画のように写真・フィルムに撮影する必要さえなく、そもそも写真・フィルムに映像として記録されることが前提である映画とは成り立ちが異なるのです。

つまり、「**映画は機械であり、文化システム**」である。一方、「**アニメーションは動き（生命）を与える芸術**」なのです。メディア・インディペンデントであるアニメーションをメディアそのものである映画のジャンルに入れることは、単に産業的なくくりでしかなかったわけです。

アニメーションという言葉自体が、「静止したものに動きを与え、生命を与える芸術」という意味です。大きなカテゴリーの概念のなかに、特に限定された概念が存在するのは不自然なのです。乗り物という概念のなかに自動車や飛行機は存在します。しかし、その逆は正確な表現とはいえません。つまり特定のメディアである映画という概念のなかに、それを含む大きな概念であるアニメーションを入れることは、非常に不自然です。

重要なことは、「芸術としての一つの表現方法であるアニメーション」と「映画産業の中のアニメーション」を区別し、認識することです。映画は機械装置をともなった文化システムとしての芸術であり、アニメーションは動きを表現する概念の芸術なのです。

最後に、「現代日本のアニメ」についてです。

前述のように、映画とアニメーションは、本来概念が違うのですが、現実には、写真・フィルムに撮影され、上映される手法で世界に広がりました。「産業としてのアニメーション」は映画の一ジャンルになりました。

日本に渡来したアニメーションは、海外のアニメーションを模して、独自に発展しました。日本製のアニメーションを最初に産業にしようと挑戦したのは、東映動画の創業者である大川博です。大川は、映画輸出上の欠点とされていた日本語の非国際性を、絵と動きで補うことができるアニメーションで活路を見出します。当時、既に日本を代表する漫画家であった手塚治虫は、東映動画で

「漫画映画」の制作に協力し、自らもアニメーションについて学びました。

その後、手塚は自身の原作である漫画を『鉄腕アトム』の題名で、リミテッド・アニメーションとしてテレビシリーズで制作・放映します。当時としても非常に安い予算で受注し、このことが現在の日本のアニメ産業の弊害となり、アニメーターやアニメスタッフたちの過密重労働・低賃金に結びついている事実があります。

この作品は国内でも人気を得て、アメリカへ輸出されました。ただ、このとき手塚は日本最初の輸出アニメを「買い取り契約」ではなく「配給契約」で締結します。その結果、『鉄腕アトム』はアメリカで再編集されることなく放送されました。この時手塚が結んだ最初の契約は、当然に一つのビジネス・モデルとなり、以降のアニメ作品に引き継がれていったのです。

世界最大の市場であるアメリカでその国の文化に合わせて改変されることなく、日本の作品が放送されたことは極めて重要です。これ以降に続くアニメの多様な物語、多様な種類の作品は、それまでの単純明快な物語に厭きていたアメリカをはじめとする海外の観客・視聴者を魅了したのです。

そして日本の商業アニメーションは特に「アニメ」ANIMEと呼ばれ、アニメーションとは別のメディアであると認識され、世界中に影響力を持ち、広がっていったのです。

アニメ業界において、手塚の功績は『鉄腕アトム』により、日本で発展するテレビアニメの文化のきっかけを作ったことです。一方で、あまりに低予算で受注したため、これも一つのビジネス・モデルとなり、以降の作品もすべて低予算で作られ、現在のアニメ業界の苦境が続いています。しかし、前述のように、手塚が『鉄腕アトム』で結んだアニメの配給契約は、日本のアニメの多様な物語作品の足がかりとなりました。アニメ業界では、ほとんど非難の対象にしかならない手塚のアニメへの業績ですが、実際には功罪併せ持ち、現在もう一度、手塚治虫のアニメの業績を再評価するべき時代に来ているのです。

現代の日本のアニメは海外に輸出しうる数少ない日本の「文化芸術産業」になりました。しかし、アニメはあまりにも急激に発展し、また生まれた当初から低予算であったため、作品のクオリティはアニメ制作会社やアニメーター、アニメスタッフの個人負担に頼り、現在成り立っています。産業的には、非常に脆弱な構造といえます。この歪《いびつ》な構造を一刻も早く是正することが、日本で生まれ育った魅力ある映像メディアである「アニメ」を発展させていくために必要なのです。

最後に一つの新聞記事を引用します。二〇一五年一一月七日の『読売新聞』国際面で、「欧州の今　戦後70年」と題して、欧州に日本はどう映っているのか、と日独仏の識者三氏の見解を聞く記事が載りました。その中で、フランスのパリ政治学院国際研究所研究部長のジャンマリ・ブイスは、次のように述べています。

フランスの日本人像は戦後1950年代までは悪者。小柄で醜く意地の悪い兵隊が日本人の戯画だった。／フランス人は60年代末、経済で日本に抜かれたと気付く。ただ、日本像は柔道などの武術の国だった。／70年代の日本像は、経済大国に発展した小国。フランス人はがぜん好奇心を抱く。日本式経営を研究し始めるのは70年代末。／80年代後半になると、日本は驚異として映る。フランスは米国に続き、「ジャパン・バッシング（日本たたき）」に出る。〔中略〕だが、90年代半ば以降、日本脅威論は後退する。日本経済が失速したからだ。日本はもう怖くない。むしろ、感じの良い国へと日本像は好転する。／日本の大衆文化の浸透が背景にある。既に70年代末、日本のテレビアニメ「UFOロボ　グレンダイザー」（永井豪原作）が大人気。80年代の子供らは日本のアニメを見て育つ。漫画の到来は90年代末。2010年には仏漫画市場の3割を日本漫画が占めた。(1)

言葉も習慣も、もちろん宗教も思想も違う国と国、人と人が対立ではなく、互いを尊敬しあうためには、力の行使や外交ではなく、互いを認め合う文化の存在が必要です。しかし、異国の文化が自分たちの世界に入ってくることを容認するには、五年、一〇年という短い期間では不十分であり、二〇年、三〇年、あるいは世紀をまたぐ必要があるでしょう。「アニメ」という文化は日本で生まれ、フランスをはじめ世界にわたり、浸透しました。この「アニメ」という文化によって、日本という国が、そして日本人が、好感を持って認められていることは一つの事実です。しかし一つの文化が生まれ、育つには、長い時間が必要です。そして、その育った文化が異国で認められることは稀有なことではないでしょうか。

日本で生まれ育った貴重な文化である「アニメ」の可能性を信じて、結びとします。

（1）『読売新聞』二〇一五年一一月七日、朝刊、国際面。ジャンマリ・ブイスの専門は、戦後日本の政治社会研究。仏国立高等師範学校卒。一九七〇年代以来、教師、研究者として度々、日本に滞在。九〇年からパリ政治学院で教える（同記事の人物紹介から）。

あとがき──アニメ人生を振り返って

「将来絵を描きたい方／タイガープロ／123−4567」

こんな文章だった。四五年前、中野サンプラザの前で拾った新聞の三行広告だった。

「将来、ということは、いまは描けなくてもいいのだ！」と、ひとり決めこみ電話をかけ、面接を受けた。JR中野駅と高円寺駅の中間にあるタイガープロという小さなアニメ制作会社だった。

社長の白土武《しらとたけし》（アニメーター・演出家）さんに運転免許証を提示すると、「免許あるの！　じゃあ、今日から入ってよ」と即決され、その日から仕事を手伝った。そのまま三ヶ月間、アパートには帰れなかった。会社は東映動画（現・東映アニメーション）の下請け会社でとにかく忙しかった。いま流にいえば「ブラック」だったけれど、労働環境のひどさをいうのに「ブラック」などという言葉もなかった。目の前のことをこなすだけで精一杯で、労働環境についてアレコレ考えている余裕もなく、ずっと仕事に追われ、叱られ、怒られ、走り回り、束の間の仮眠をとった。私は運よくもったけれど、つぶれて行ってしまった仲間も大勢いた。

テレビ画面に制作進行として名前が載った時は、何か、とてもうれしかったことを覚えている。最初の作品は『大空魔竜ガイキング』というタイトルだった。半年後に『一休さん』の班に移り、『銀河鉄道999』など、多くの作品にたずさわってきた。

業界に入ったころの私にとって、アニメは子供番組であり、それを見る習慣も興味もありませんでした。全くの素人の私に、アニメの基礎を教えてくれたのが東映動画でした。演出家の考え方は勝《かつ》間田具治《またともはる》（演出家）さんに、演出の基礎的な技術は明比正行《あけひまさゆき》（演出家）さんに教えていただきました。そのおかげで何とか食べていくことができるようになりました。

実社会に出るまで、「天才なんて世の中にいない」と私は信じていました。死に物狂いで頑張れば、人間の能力にはそれほどの差はない、と堅く信じていたのです。ところが、アニメ業界には大勢の天才がいました。最初に見た天才は金田伊功《かねだよしのり》（故人・アニメーター）さんでした。同じものを見て、描いても、まったく違う絵が出来上がるのです。信じられないタイミングで炎や光やアクションを描きました。そんな天才を見ていたら、自分自身がこの業界で生きていくためには違う能力が必要だと感じました。シナリオ作家協会のシナリオ講座などに通い、シナリオを勉強し始めたのもこの頃です。

二〇代後半のとき、友人であり、最初の会社の直近の先輩でもある井内秀治（故人・演出家）さんから「ロサンゼルスで絵コンテを修正する仕事がある。一緒に行かないか」と誘われました。海外での仕事に興味もあり、渡米しました。ちょうどロサンゼルスオリンピックが開催されるときでした。空港の警備は厳しく、五万円しか手持ちがないのに、半年間滞在すると税関で言ったために、四時間も取り調べられました。空港から出ると旧知のメカデザイナーの荒巻伸志くんが迎えに来てくれていて、すごく安堵した記憶があります。

帰国後、そのまま合作と呼ばれる海外アニメーションを作るプロダクションであるPACに入りました。この会社はその後、ウォルト・ディズニー・ジャパンとなり、最初はシンジケーションの作品を作っていたのですが、ディズニーの一員となり、ディズニー作品を作ることになったのです。つまり、二〇代後半から一〇年間は海外の作品だけに関わっていました。日本のアニメと違う制約はもちろんあったのですが、枚数を気にせず、自由に動かすことができました。ディズニーの作品ですと、三〇分番組で二万五〇〇〇枚を平均で使用していました。日本の作品の六倍以上の枚数を掛けることができるのです。アニメーション本来の動きを見せる楽しさが、そこにはありました。

私の仕事は制作進行から演出助手、演出や脚本、監督やプロデューサーに変わったのですが、やっていることはいつも同じです。アニメーションを作ってきました。

アルバイトのつもりで入った業界でしたが、そのまま四〇年以上、この世界で食べさせてもらってきました。四〇代後半の頃から、知人の紹介で、アニメの仕事をしながら、大学の非常勤や、専門学校でアニメーションについて教えるようにもなりました。しかしそこで私は、アニメを教える側として、自分自身に欠けている重要なことに気がついたのです。産業としてのアニメの作り方は教えられるが、芸術としてのアニメーションの基礎的な歴史や理論を知らなかったのです。一念発起して、プロデューサーや演出をしながら、放送大学大学院の通信課程で学び、日本のアニメについて研究するようになりました。修士論文では映像文化論として日本のアニメについて書きました。

修士課程に入った時、私はすでに五〇歳を超えていたのですが、かなりしごかれました。まず、指導教官の青山昌文教授には「信頼できる文献を持ってこい」と、叱咤されました。研究の元となるアニメに関する私の資料の信ぴょう性に難があったのです。研究を一から始めることになりました。本書が洞窟芸術から始まるのも、一から研究を見直したいということが要因になっています。青山教授、ご指導ありがとうございました。

本書は、この修士論文をベースにしたものです。修士論文を終えてからも大学で研究をしながら加筆修正し、ページ数は倍以上になりました。広く一般の方々に読んでいただきたく、「である」調も「ですます」調に改めました。アニメーションの研究者によるアニメ論でだけはなく、実務家だけによるアニメ論でもない、実務とアニメーション研究の両者の知識と経験をまとめたものです。アニメの歴史と芸術性と産業性をいま一度整理し、現状の苦境も提言したかったのです。

本書を刊行するにあたり、森話社の秋元優季さんに大変お世話になりました。本企画を進めて下さり、丁寧な校正、適切な助言をいただきました。ありがとうございました。

また、図表掲載にあたって、筆者の力では描けない数点を、大先輩であり三五年来の友人でもある窪詔之《くぼつぐゆき》さんに描いていただきました。本当に感謝申し上げます。

日本の「アニメ」研究はまだまだ始まったばかりです。本書がこの貴重な文化の研究の一助になれば幸いです。

康村 諒

［著者略歴］

康村 諒（やすむら・りょう）

アニメーション演出家、脚本家、プロデューサー。

放送大学大学院文化科学研究科修了。現在、帝京大学文学部日本文化学科准教授。

1976年、アニメーション制作会社タイガープロダクション入社。

『大空魔竜ガイキング』『一休さん』『銀河鉄道９９９』『ＵＦＯロボ・グレンダイザー』等の演助進行（演出助手兼制作進行）を経て演出になる。

スタジオコクピット（演出）、パシフィック・アニメーション・コーポレーション（演出・監督）、ウォルト・ディズニー・アニメーション・ジャパン（シリーズ・コントローラー）、セブン・アークス・ピクチャーズ（代表取締役プロデューサー）を経て現在に至る。


【作品歴】

演出・絵コンテ作品に、『ドラえもん』『銀河旋風ブライガー』『太陽の牙ダグラム』『超時空要塞マクロス』『装甲騎兵ボトムズ』『銀河漂流バイファム』『機甲創世記モスピーダ』等。

監督作品に、『魔境伝説アクロバンチ』『Thundercats』『燃えろ！トップストライカー』『源氏』『風の中の少女 金髪のジェニー』『FIGHT！』『ミサの魔法物語』（ＰＳゲーム）、アニメーション監督として『マリンとヤマト 不思議な日曜日』等。

脚本作品に、『機甲創世記モスピーダ』『風の中の少女 金髪のジェニー』（ともにＴＶ）、『源氏』『FIGHT！』『タイムレンジャー セザールボーイの冒険 ローマ帝国編』『夜勤病棟』『真・瑠璃色の雪』（すべてＯＶＡ）等。

制作として、『マスターモスキートン'99』（制作プロデューサー）、『いのち輝く灯』（アニメーションプロデューサー）、『ムシブギョー』（チーフプロデューサー）、『トリニティセブン』（プロデューサー）、『銀河機功隊マジェスティックプリンス劇場版』（アニメーション制作統括）、『劇場版 トリニティセブン ―悠久図書館と錬金術少女―』（チーフプロデューサー）、『魔法少女リリカルなのは Reflection & Detonation』（制作統括）、『されど罪人は竜と踊る』（プロデューサー）、『劇場版 トリニティセブン ―天空図書館と真紅の魔王―』（チーフプロデューサー）等。

［カバー、扉イラスト］
窪 詔之
［扉裏イラスト］
岩城万里子
［本文イラスト］
筆者（はじめに 13 頁、第 1 章 図 14　第 3 章 図 2、4、6）
窪 詔之（第 1 章 図 10　第 3 章 図 5、8　第 6 章 図 10　第 7 章 図 2）

アニメーション文化論――映像の起源から現代日本のアニメ

発行日…………………2022 年 3 月 31 日・初版第 1 刷発行

著者……………………康村 諒
発行者…………………大石良則
発行所…………………株式会社森話社
〒 101-0047 東京都千代田区内神田 1-15-6 和光ビル
Tel 03-3292-2636
Fax 03-3292-2638
印刷・製本……………株式会社シナノ

ISBN 978-4-86405-167-5 C0074